翻轉學

翻轉學

翻轉學

翻轉學

我45歲學存股 股利年領200萬

投資晚鳥退休教師教你「咖啡園存股法」，讓股市變成你的搖錢樹

謝士英 著

目 錄

第5章 打造存股體質的致富觀和好習慣

推薦序

致富之路，任何一小步，都是一大步

富媽媽李雅雯（十方）
暢銷理財作家

謝士英，讓人一眼難忘。他很瘦、很專注、眼珠又透、又圓、又亮。

他談起股票，就像小男孩在談玩具車——碎碎叨叨、咋咋呼呼，但放鬆、敏捷、純淨——彷彿他的世界，還有很多有趣的事。

在熱衷投資股票的人群裡，他有一種特異的氣質。

謝士英就像《小熊維尼》（*Winnie the Pooh*）裡的兔子，心思透亮、敏捷輕盈，讓人感覺毫不費力，放鬆、安心。他能讓你依偎著，沒有壓力。這是他的氣質。

謝士英的選股法，跟我類似。

我們都是洪瑞泰「巴菲特班」的學生，也都學會用「好價格」，買進「好公司」，而且持續握住，只在「公司壞了」、「變太貴了」才賣出去，我們的信念、基礎，完全一致。

對我來說，謝士英的存股過程，是一場「激勵」。

我比謝士英小 20 歲，我還能存股 20 年。我期待，自己也能在下一個 20 年，成為「謝士英 No. 2」，我在努力。

2020 年 3 月 20 日，新冠疫情來襲。

在美股大跌 2997 點、台股大跌 500 點後幾天內，我買進 258 元的台積電（2330）、38 元的中聯資源（9930）、113 元的晶華（2707）、317 元的精華（1565）、120 元的伸興（1558）、87 元的中租 -KY（5871）、66 元的皇田（9951）；我也期待著，自己在 20 年後，能成為下一個謝士英，寫下另一個故事。

孔子說：「譬如為山，未成一簣，止，吾止也；譬如平地，雖覆一簣，進，吾往也。」

致富之路，始於平地。任何一小步，就是一大步。

這是謝士英的祝福，也是我的祝福。

讓我們手拉著手，一起前進。

前言

存股永不嫌晚，穩穩邁向財務自由

當你翻閱這本書時，應該算是一段各種巧合湊在一起的結果吧！

對於工業教育本科出身的我，寫一本關於個人投資理財方面的書，應該是完全不在規劃中的事。既然這本書已經在被讀者翻閱時，當然深切地希望讀者也能夠順利地讀完整本書。

書中敘述的內容是個人將近二十年的理財回顧，盡量地將塵封已久的回憶如實地變成文字。提到的數字、時間和事情或多或少會有些誤差，會盡量保持精確。但想要傳達的觀念和方法仍應該能對各位有啟發和引導的作用，進而讓大家有動機早日開始打理自己的財物，並獲得財務自由，提升未來的生活品質。

我 45 歲時，才開始認真地打理自己的財務，前後也閱讀許多書報雜誌和上課，並實際落實所謂的傻瓜投資法，其實就是大家熟悉的巴菲特投資原則。

逐年增加的被動收入也漸漸吸引到一些媒體的報導與訪問，多因為時間和篇幅有限，其傳達的內容不夠完整或多有重複。苦於有幸得到一些人的關注，卻沒機會將完整過程與心得與大家分享。

自己在學校所開的課堂上，和偶爾被邀約的演講中，也只能蜻蜓點水或提綱挈領地用兩、三個小時與極少數的學生和聽眾交換心得。由於自己不是一步登天或中樂透，而是慢慢學習、嘗試錯誤和漸漸累積經驗。尤其在經過 2009 年金融風暴的衝擊後，才逐漸有了一套比較完整的概念。

利用幾個學期在課堂上試著與學生分享，產生了教學相長的效果。自己將巴菲特的投資原則簡化到只要會加減乘除都應該很快能了解和上手。於是將這得之不易的心得寫一本書來面對讀者，就好像是順理成章的結果。

最近，在各家媒體曝光的機會增多。絕對可以確定的是，百分之百與個人的顏值無關。與友人討論的結果是，存股是現在投資理財裡漸漸受到眾人關愛的話題。

尤其在前一陣子轟轟烈烈的軍公教年金改革過程，不論改革的是非或有無受到年改直接的影響，在媒體大量地討論之下，是否有足夠的財務準備來迎接以後不算短的退休生活，變成了許多人開始注意的話題了。

存股，可以每年穩定的替自己製造多一筆被動收入，又比銀行的定存利息高，順理成章地成為話題中的焦點。再加上我 45 歲才開始學投資，每月領取固定收入的教書匠，目前的績效讓許多人燃起了追求財富自由的興趣。

因此，這本書最主要的訴求對象就是已經邁入中年，希望能有穩定的額外收入，又沒有多餘的時間去積極地投資理財的讀者。

其實，理財永不嫌晚，任何時間都是很好的起始點。

趕快開始養成儲蓄的習慣，參考書中分享的方法。從第一張股票開始存起，穩穩地邁向財務自由的快樂生活！

偉大的複利效果是要靠時間來顯現的，所以理財最好要趁早。越早起步就越能更輕鬆地開始，也能提早獲得財富自由，不用再三不五時地為錢煩惱。可以將注意力放在生活上、工作中其他重要的部分，快樂的享受人生。

年輕的讀者也是這本書的潛在對象，希望更多的年輕人加入製造被動收入的行列，早日達到不再為錢工作的理想狀況，每天都能快樂地從事自己想做的事。那是何等的幸福！

我自己個人的經驗顯示，投資理財也可以是很簡單的，不是刻板印象中的那般深奧且難學。其實以前就有人說過，個人理財這領域是極少數不需要懂得很深的道理，就可以表現得與專家不相上下。

不過現在資訊氾濫，很容易無所適從。更有一些投資人不但未能改善自己的財務狀況，反而陷入困境，精神上和物質上都受到重大挫傷，在股海中壯烈犧牲的不在少數。這本書裡介紹的簡單操作方法讓我獲得了財務自由，希望也能替讀者帶來同樣的效果。

將近四十年的教書生涯，誤人子弟的應該也不在少數。在職涯的尾聲能夠出一本對普羅大眾有所幫助的書，也應該算是留下一點什麼走過的痕跡，對大家做出小小的貢獻吧。

這本書不會以一般理財書或是教科書那樣專業的姿態呈現給讀者，我希望能用輕鬆說故事的方式，再配上圖表與數據，讓讀者能更輕鬆地吸收到我想傳遞的概念。大家可以運用書中的概念和方法，加上自己的興趣和背景，選出符合自己的存股組合。

台股有上千家公司，書中提到的公司都是個人比較熟悉的，所以會用這少數幾家公司的狀況或是股價來舉例子，讓讀者更容易得到我想要分享的觀念和技巧。請不要只將這幾家公司視為明牌，因而限制了你自己個人投資未來的績效。

除了自己的故事向大家分享，也有一些對於個人理財的心得向諸位讀者報告。年長之後才知道要做好任何事，幾乎都不能沒有基本認知或是基本觀念。就像是打籃球，個人至今還在球場上奔波，因為沒有基本動作，要進步很難，只能流汗而已。

投資理財也是一樣，一些基本的概念和知識一定要有。否則你的財務狀況一定會越理越亂，甚至是與當初設想的目標背道而馳。所以不厭其煩地再次提醒，這些基本觀念真的非常重要，即使你的理財工具不是股票，應該都能有所幫助。

在書中也將自己的做法整理得像是操作手冊，讀者可以參考並實際演練，打造屬於自己的理財莊園。給自己三到五年的時間，應該會看到一些成果的。

閒話不多說，讓我開始分享我的咖啡莊園故事吧！

第1章

45歲學存股，三年半滾出千萬

一本理財書開啟了我的理財之路

《富爸爸，窮爸爸》（*Rich Dad, Poor Dad*）是一本暢銷書，但從未出現在我的書桌上。直到我兒子小一的某天暑假，我以前教過的學生回學校來辦公室串門子。一陣寒暄之後，不知為何談到理財。學生很慎重地拿出這本書，說：「老師，你應該翻翻這本書。」

因為好奇加上暑假比較有空，我就恭敬不如從命地很快地讀完第一遍。書中提到理財的基本觀念和製造現金流的部分如重錘般地敲醒了我，但有關投資房地產的部分超出個人能力和興趣範圍並未多加參考。

真正在背後推了我一把的是我兒子。某天，正在辦公室翻閱這本書時，兒子衝進來看到他老爸在讀書，好奇地問：「爸，你在看什麼書？」我回答：「《富爸爸，窮爸爸》。」

沒想到小一的小朋友居然會問：「那你是哪一種爸爸？」我被問倒了，好像被定格在那一瞬間。我不知道自己是屬於哪一種，但確定的是，不想一直當個窮爸爸。

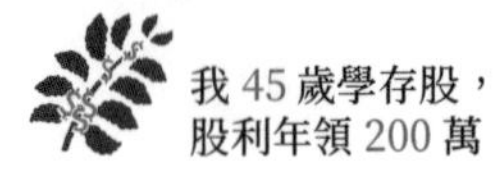

公開宣示：五年將資產累積到千萬

在兒子天真的提問後，富爸爸、窮爸爸的問題縈繞在腦中一陣子。終於下定決心要開始朝富爸爸的方向前進。那時，我在學校還兼任課外活動的行政工作。

某天，我向辦公室數位同仁大聲宣示：「即日起，開始認真管理自己的財務，用五年的時間達到個人資產 1,000 萬元的偉大目標。」當時，認為人生的第一個 1,000 萬元應該算是遠大的吧！

厚著臉皮再帶一點激動地向眾人宣示，是希望既然說出口了，同儕的壓力應該能夠鞭策我向目標邁進，至少別光說不練，流於空話。於是，原本拜託老爸代為買賣，我只負責存錢的模式也改為我也開始選股，比較主動地開始管理自己的投資組合。那年暑假，我的股票市值是 220 萬元。

在此要特別說明那 220 萬元股票的由來，以免許多讀者會因為沒有第一桶金，而打消存股的念頭，甚至就此打住，不再讀下去。

1980 年代，台股曾有一段輝煌的狂飆歷史。在沒有網路的那個年代，是靠收音機播報個股行情。那時全民瘋狂，聽說有老師上課不講課，醫生看病時心不在焉。更有甚者，乾脆辭職去號子*上班的人時有所聞。國泰人壽（5846）是當時的股王，台火（9902）的股價也是上千元，三家商業銀行也都至少 500 元起跳。

現在股市雖然也是上萬點，但和當時相比，還沒到半山腰吧！應該不必擔心什麼居高思危？

家父退休後，就是在那時躬逢其盛，跟著眾多股民一起玩著波浪舞，不亦樂乎！母親本性謹慎小心，嚴厲的管控家裡的財務，不讓老爸把所有養老的老本都投入那全民樂透遊戲。老爸手頭有限的資金就都進了股市，沒了銀

* 指證券商的營業處所，通稱為券商的營業大廳。國外慣稱券商的營業廳為 House，直接音譯為號子。

彈，就將腦筋動到我們兄妹身上，希望我們出資讓他老人家代為操作。於是，我們口中的謝老大基金就順利開始募集。我出了 60 萬元，替我在台北開了戶頭。我是被動的踏進了股市這條路！

那時家還在台北，假期都會回去。老爸都固定宣布績效，感覺好像還不錯。於是有閒錢時，就匯款增資。某一天，老爸從股市下班回來，進屋時的氣色不太對勁，才知道當天股市暴跌。追問之下，說是有傳言坦克車包圍了總統府。

我問老爸：「你號子不是在重慶南路上，離總統府不遠，有看到戰車嗎？」

老爸回說：「大家急著殺股票，誰有時間出去看！」

那時，我開始懷疑投資大眾在股市裡的心態是否正常？我父親那樣買賣是否合乎理性？也引起我對投資股市的興趣，而開始涉獵股票投資的書籍。

沒多久，我抱著還沒滿週歲的兒子到高雄家附近的寶來證券*開戶，想用不同於老爸的方法來試試，績效是否會不同？記得那時景氣低迷，寶來的營業大廳冷清的很。

L 型的櫃台後，每個營業員都意興闌珊地坐在位子上，只有一位年輕的營業員用眼神和我打個招呼。

於是，我抱著兒子趨前向她詢問開戶買股票的手續，那時我還沒有自己買過股票。那位小姐很親切地提醒我：「先生，現在都沒有人在買股票。」

當時，也許是基因裡就存在的本能，還故意在小姐面前耍帥。我說：「那我來救股市！」

那天，我買了中鋼（2002）。

在大聲宣誓的那個暑假，爸媽已經搬來高雄與我隔著河堤公園相互照應。也就將台北的戶頭都轉到左營，正式脫離謝老大基金，改由我自己來管理。那時，我的股票淨值是新台幣 220 萬元。

* 已於 2012 年 4 月與元大證券合併為元大寶來證券。

買到不太動的股票，一度自我懷疑

俗話說，輸人不輸陣。我在辦公室厚顏宣示之後，果然激起了一些反應。

有一天，一位同仁拎著一個百貨公司的購物袋進來，往辦公桌上一擺。大家好奇地探頭探腦地瞄了過去。哇！新台幣 220 萬元整齊地躺在袋中。除了在銀行，不曾見過這麼多的現金。真是大開眼界！這位同事也向眾人表示他也要開始買股票。雖沒明說，但比賽的味道濃濃地充斥著我們的辦公室。

這位老哥採用短線操作，第一週就獲利 30 萬元，而我的資產沒什麼變動。若是一週算是一回合，我第一週就被 KO 了。也許是不想認輸，也或許那時不知哪根筋不對，我就是堅持價值投資，不任意買賣。也許是一種鴕鳥心態，不再關心別人的成績。沒了比較，保持我自己認為正確的方法讓心情安穩些。

但當我得知同事第一年的成交量，他就將近 2 億元，營業員送他電腦，手續費還有折扣時，心中難免還是有些嘀咕。那年，我只收到營業員給我的 E-Mail：Merry Christmas & Happy New Year ！

令人興奮的是，在滿一年的暑假結算成績時，個人的股票市值成長到 440 萬元。好像是開車到了一個陌生的地方，茫然上路。看到了第一個路標，知道自己是走在正確的方向，信心大增。

現在，我們都先後退休離開了工作崗位，那位好同事的成績如何也沒在積極注意。不過，前些時輾轉傳來的小道消息，他因為踩到地雷而吃了龜苓膏，他的股票資產已經歸零了，但也只是聽說。

經由傻瓜投資法，認識了巴菲特

其實，我是經由懶人投資法而認識巴菲特的。

當年，辦公室有訂閱《商業周刊》，商周集團推出新的投資理財月刊《SMART》，原訂戶有優惠，我順便訂閱了一年。其中某一期介紹了所謂的傻瓜投資法。那時，李立群的傻瓜相機廣告很紅，廣告口語是：「它傻瓜，你聰明，他抓得住我。」重點在強調，不需要很專業就能達到職業級的水準。照相如此，理財也是如此。

有人曾說，理財是極少數領域中，不需要很專業就可以達到專業的水準。1990 年代，有幾位諾貝爾獎得主成立的基金，沒幾年就宣告破產。還真的說明了傻瓜投資法的可行性，不然我現在也沒有寫這本書的機會了。

1980 年代股市狂飆時，我是旁觀者。但是直覺地感到那種得每天盯盤，到處打聽明牌，大家都不能專心於自己的本業的投資型態，完全不適合我的個性。我還是想將絕大部分的焦點放在教書上，希望能將投資理財當作是不需要花太多時間和心力的一種活動。

後來才知道那叫作「被動收入」。主動收入會因為每個人的時間和能力有限，而有天花板。被動收入像是你家客廳裡有一部提款機，有可能逐年成長，沒有上限。若你在銀行有存款，每一段時間領到的利息，就是一種被動收入，利息會自動入你的戶頭。

只是近年來超低的銀行利率，讓我們幾乎忘了它的存在。在這情況下，想當然耳，當我看到傻瓜投資法時就如獲至寶。進而認識了巴菲特，世界首富中唯一靠投資致富的，那真的像是進入了寶山。在寶山裡，逛了二十年，至今仍不想離去。

人蠻奇怪的。當某件事或某樣東西引起你的注意力之後，你就會三不五時地看到它。當認識巴菲特後，突然發現書店裡有關他的書還不在少數，洪瑞泰的《巴菲特選股魔法書》是我買的第二本投資書。學會計再加上有實務經驗的他，將巴菲特的投資方法介紹得很清楚。

打鐵趁熱，我當年 11 月買的書，12 月就報名參加他開的課，一堂價值 800 萬元的投資課。因為學習動機強烈，等不及南部開班，每週末坐半夜的國光號，早上七點多再轉車到北投上課。台北溼冷的冬天也沒能冷卻我學習的熱情，當年讀書時能有這樣的激情那有多好。

由於洪瑞泰不喜歡我們稱他老師，所以都叫他 Michael，感謝他，這堂課其實不只 800 萬。和學費相比，投資報酬率奇高。由於專業的背景不同，他書中和上課的內容，我至今尚未能完全融會貫通。不過，經過多年自己的實際操作，卻也演化出一套比較簡單的方法，幾年下來的績效還算不錯。

當然，我希望這本書也能帶給讀者一些啟發和同樣的效果。

三年半就滾出千萬資產

當年，在辦公室許下宏願，在 50 歲前擁有股票資產 1,000 萬元。其實那時自己也沒有十足的把握能如期達成願望。能做的是，不亂花錢，保持儲蓄的紀律，謹守巴菲特的投資原則，盡量用合理的價錢買進好公司的股票。

等每年暑假配息旺季領到股利後，再將這些被動收入換成股票，讓時間來產生複利效果。不過，在那當下還真的不知複利的效果有多大，只是用自己來驗證理論到底是否能反映到現實上。

初步驗證的結果令人激動，五年的目標，約三年半就提前達標。2001 年暑假，投入 220 萬元，到 2004 年 12 月已經讓我升格為千萬人士，股票市值是 1,004 萬元。

多年後，在金融風暴時悟出的感想是，股票的市值其實是一直在上上下下變動。以投資公司為前提的存股人不要太在意市值，而是要關注公司的營運以及未來的景氣。公司未來獲利會成長，我們自然跟著水漲船高。

話說回來，能夠提前達標仍是一種激勵，代表使用的方法和策略是對的。繼續運用巴菲特的方法，雖然那時還沒有融會貫通，但數字在在顯示著自己是往對的方向前進。也因此說話就比較大聲，身邊持同樣看法的人卻仍屈指可數。

時間過得很快，轉眼就20年了。在以存股為主的投資人裡，也應該算是較資深的幾位。對於有興趣長期投資的讀者來說，應該很想要知道這麼多年來的投資績效如何，以做為是否加入存股這個行列的主要參考。

以前為了要向別人說明，我也試著用不同的方式來呈現過去的績效，現在一一敘述如下，讓大家能有更清楚的印象。

首先，先看股票帳面資產，也就是淨值的增加。我最早從60萬元請我父親代操開始，到2019底為止是4,000萬元。這段時間是23年，如果以我個人稅後年收入約百萬元來算，應該總收入是 2,300 萬元。即使是完全不吃不喝，也存不到 3,000 萬元。更何況還要養活一家三口，再加上房貸和保養兩輛國產車。從這個數字的成長，應該可以感受到複利的威力吧！

另外一種粗略的估算是，我自己到底投入了多少資金進股市？

早期投入的資金總數，約 700 萬元。最近一筆存款是來自 100 萬元退休金，立刻轉買股票。這裡要特別說明的是，近幾年來，由於股利收入還不錯，每年收成後，都會先將未來一年的生活開支的戶頭。等五月繳完所得稅後，再將用不到的餘款多買幾張股票增加庫存。

近幾年來，存到戶頭的是以每年的股利為主，不再是其他存款。因此，若是以總共投入不到 1,000 萬元，用了二十多年的時間累積的股票資產約 4,000 萬元。（見下頁圖表 1-1）

也常有人會問，我的年獲利率是多少？如果用去年的數據來估算，現金和股票股利總和約 200 萬元，除以資產 4,000 萬元，獲利率約 5％。若用 200 萬元除以我真正投入的成本，獲利率暴漲超過 20%。

我真正喜歡與他人分享的說法是，假設我在股市工作，工作量不大，但報酬卻是很不錯。去年領了兩百多萬的「薪水」，相當於每個月 18 萬元的收入，我稱為「年中獎金」。更好的是，每年都能多買幾張股票，順便也做了一些調整，希望每年的收成還會增加一點，當然也期盼年年會更好！

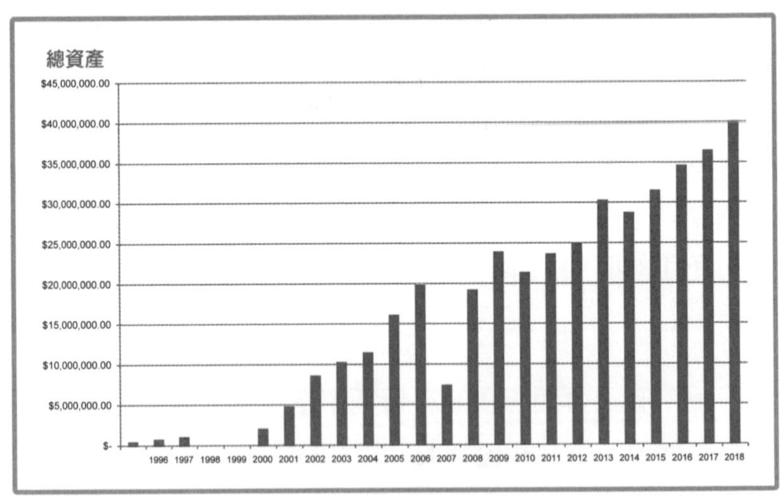

圖表 1-1　**每年帳面資產**

第2章

咖啡園存股法，讓股市成為搖錢樹

證券帳戶，就是我的咖啡園

在多年的教書經驗中，運用比喻是非常好用且有效的教學技巧，能讓學生從已知的知識和經驗去連結到新的、比較抽象難懂的學習內容，有事半功倍的效果。

一位親戚在運輸業打滾了數十年後，領了一筆退休金，只想到要好好地犒賞自己多年的辛苦，卻不知如何規劃退休生活的財務。我提醒剛退休的他，要懂得理財規劃的重要性，未來人生的第二春還很長。除了生活費，也需要醫療保健的支出。

跟他的對話，一開始就碰壁，他只覺得是該他享受的時候了。陸戰隊退伍的他，仍保有一日陸戰隊、一生陸戰隊的精神。於是，我讓他想像他是戍守南沙的陸戰隊加強連，上頭指示遇到狀況時要能力守一週，以待後援。若只有三天的彈藥糧食，足以完成任務嗎？同樣，為退休晚年生活的財務準備就想是戰備物資一樣，一定要夠。親戚聽完我的比喻之後，立刻明白在對抗餘生這場聖戰，他是撐不了幾年的。

許多投資理財的書中都有提到農場理論，中心思想是累積的概念，有人用種菜、種樹、養雞、養鴨來比喻。我因為愛喝咖啡，於是將我的存股帳戶想像成一座小小的咖啡園。

從第一株咖啡樹（股票）開始，有餘錢時再買一株。咖啡樹收成時（配息），繼續在合理價位下添購幾株。有時發現某一品種（某家公司）的咖啡樹價位吸引人，於是就買這種來種。十多年下來，我的虛擬咖啡園已經擁有上千株不同品種的咖啡樹，每株樹幾乎每年都結實累累。若換成一杯杯的咖啡，那還真的要與許多人分享才行。

每張股票，像是一株咖啡樹

大部分的投資人都很專注地盯盤，跟著盤面上的數字跳動而心情隨之起伏。我也在許多年前去過號子一次，在那兒約半小時就站不住了。隨時上下變動的價錢實在讓人不知所措，於是我再也沒去過，除非有事去找父親。順便一提，家父在 2020 年底就 97 歲，常去號子坐在那兒社交和打盹。他老人家曾跟孫子抱怨，為何記者都不訪問他，他的資歷比較深？

其實，每張股票都有兩種價格：現價、實際價值。

「現價」，是每天股市開盤所顯示的成交價，這個價格受買賣關係，也就是供需原則所影響而起起伏伏。當看好的人多，它就會上漲。突然的壞消息也不管影響多大，股價通常先跌再說。所以，有人形容股市現場是非理性的投資人居多。

一家公司股票的「實際價格」，是反映這家公司的營運管理和獲利狀況，會受經濟和大環境的影響，但常常受大盤的起伏而超跌或超漲。巴菲特的信徒們都喜歡等好公司被大盤拖累而超跌時買進，正是所謂「當眾人恐慌時，我們貪婪」。

當天上掉下刀子時，我們可以從中接到禮物。現在回顧，911、SARS、311 日本地震、2009 金融風暴等讓人驚心動魄的股災，滿天刀子中也有不少的禮物。

若是將股票視作咖啡樹，普通投資人是看樹價值多少，短期內是否有差價可賺。我則是看這棵咖啡樹未來會產出多少優質咖啡豆（股利），是否每年都有豐收的機會？因此，當別人認為沒差價好賺的，在我眼中卻是潛力無窮的寶物。反之亦然，眾人追逐的某些概念股或已經漲過頭的熱門股，我將之視為無物，完全不在我的搜索雷達範圍內。

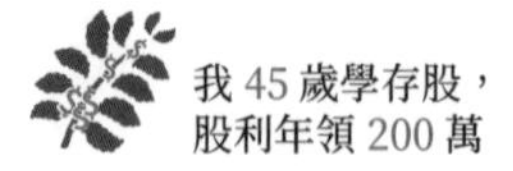

多數投資人都在買賣咖啡樹

在股市中，多數人是在賺差價。今天買樹，明天就希望能用更高的價錢將樹賣掉。甚至是早上買，中午就落袋為安了。這種短線進出的投資方法有兩個問題存在：一是每天都得盯著盤面，不能錯過那買賣的甜蜜點。如同全職在股市打工，不是在製造被動收入。

另一個問題是在選股，你不會在意這咖啡樹會不會結果，也就是公司賺不賺錢。你的注意力會集中在樹的價格是否會很活潑地上下跳動。問題是，手腳不夠快時，踩到地雷的機會很大。

早年，高雄有家上市的建設公司要準備下市，內線消息說大股東準備最後拉抬一次再走人，預定從 2 元拉到 7 元再撒手不管。我同事的朋友得知這寶貴的消息，借錢想要跟著發一筆小財，而且不貪心的設定漲到 6 元就先下車。買進後股價真的如先設定地上漲，還沒有高興多久，這家公司在五元多就下市了。那位朋友家牆上又多了幾張壁紙！若只選好公司投資，貼壁紙的機會就微乎其微了。

記得 2000 年初總統大選時，在學校活動中心二樓演講廳舉辦了一場有關投資理財的演講，邀請的講者是非凡電視台漂亮的主播。

開場前在辦公室閒聊，她問我：「謝老師，你都買什麼股票？」

我立刻回答：「我買統一（1216）。」

主播說她都買統一超（2912），因為統一的股價都不會動。所以，那時買統一超的考量在於容易賺到價差。而我當時會買統一的主要原因是統一便宜很多，一張約 10,000 元出頭。統一超是在 90 元上下，一張要九萬多，一個月不吃不喝也買不起一張，那時也不流行買零股。現在回頭看，當年的統一漲到七十多元，成長了約七倍。統一超則是 300 元出頭。兩相比較，長期存統一應該是一個還不錯的決策。

不要和你的股票談戀愛

身為虛擬咖啡園的主人，雖然不用天天下田除草施肥，但也要不時看顧各種咖啡樹成長的情況。公司營運正常和獲利逐年成長，代表這品種的咖啡樹值得保有，若有機會則多栽幾株。

有的咖啡樹有病蟲害，結果減少甚至沒有收成，顯示公司營運出現危機甚至虧損。這時該淘汰的，或換成其他健康的品種，都得當機立斷。

在股市中，有所謂不要和你的股票談戀愛的說法。當賣出的理由出現時，應該要果斷。有人也會覺得賣出表現不好的股票，好像證明了自己當初的誤判。不願意面對現實，而一拖再拖，直到血本無歸。

幾年前的宏達電（2498）和生技的浩鼎（4174），一個曾經上千，另一個也有七百多輝煌的過去。私下當然希望這兩家仍能有機會回到當年的風光。

不過在短期內還看不到曙光，是否仍要繼續持有，與公司共存亡？還是趁早換一家有現在和未來的公司？這都在考驗著投資人的智慧和心態了。

咖啡多到喝不完

存股的精神在於累積，也就是希望莊園裡的咖啡樹越種越多。

新聞報導鴻海創辦人質押 43.6 萬張股票，這真是天文數字。當然，我們一般小投資人不會也不應該去妄想會有那麼多張股票，但是我們還是要有愚公移山的精神，一張一張的累積，使得每年在暑假中領到一份還不錯的年中獎金。

累積的最主要目的是要能產生加乘效果。我們若是將配發的股利再投入股市，時間會產生所謂的複利效果。例如，我們用 10 萬元買入某家公司，每年配息殖利率為 6%。

按照 72 法則，12 年後連本帶利 10 萬元的本金會成長到 20 萬元。這期間若仍然繼續保持儲蓄的習慣，用好價錢多買幾棵咖啡樹來種，可以用較短的時間提前達到預期的目標。

2019 年，台股配發出的現金股利約新台幣 1.3 兆元。遺憾的是，其中大部分被外資領走。矛盾的是，政府積極地鼓勵外資投資台股。等外資領走大筆的股利時，媒體卻又大張旗鼓地責怪外資將台股當成提款機。

基金管理達人闕又上在自己新書中也鼓勵政府基金與學校的校務基金應該增加在股市的投資，僅靠定存微薄的利息是不足以對抗物價上漲的。

一般人將退休金死抱著，只靠銀行的利息來度餘年，在物價逐年上漲的壓力下，將會一年不如一年。因此，我們不能凡事靠政府，還是靠自己比較安心。自己的莊園多種好品種的咖啡樹。一旦樹木成林，我們就有喝不完的咖啡，可以和親朋好友一起享用。

第3章

咖啡園存股法的買賣原則

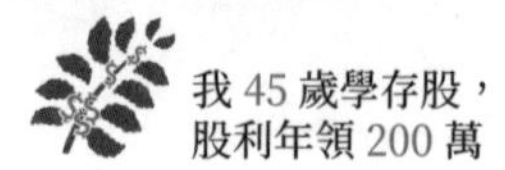

有人說：「在股市賺錢的不到 10％。」此話若真，你為何要和那 90％的擠在一起取暖，只是因為大家都是這樣？

用存股的概念來投資的，本來就是屬於極少數。存股族需要有耐心，忍得住寂寞和嚴格遵守買賣的紀律。可能還要有點重聽，過濾掉周遭的冷言冷語。

我的投資方法來自巴菲特的投資法則，將洪瑞泰書中和課堂上所教的內容加以簡化而來的，自我簡化的方法也採用了多年。

現在，好像與別人分享時很容易得到共鳴，應該算是引領大家認識巴菲特投資原則的初階版！

我謹守的巴菲特原則（見圖表 3-1）：

1. 買進時有兩個原則
2. 賣出時有三個條件

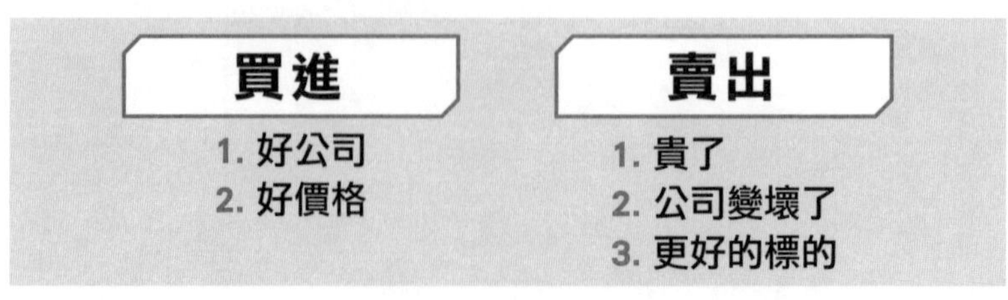

圖表 3-1　買股 2 大原則與賣股 3 大條件

年年領股利的「買進原則」

投資好公司

什麼是好公司？對我而言，會賺錢且能穩定配發股利的，才算是好公司。若是公司受景氣影響很大而賺錢不穩，或公司尚在研發但還沒賺錢，就都不在我的好公司名單之內。

像是浩鼎（4174），三年前還曾高達七百多元，還未曾獲利，尚在研發階段。非常有可能是我國未來的明星企業，但因為還未獲利，當然也沒有股利可領。這種公司留給創投公司和賺差價的去投資，我是不會碰的。

另一類會保持距離的公司像是所謂的概念股。不久之前的 3D 列印概念股、太陽能概念股和被動元件之類的產業，各種媒體天天大張旗鼓的宣傳，現身的專家和所謂的老師們都像合唱團般口沫橫飛的一起歌頌。但因為個人所知有限，對這些公司的現況和未來發展都不清楚或是沒有研究過，不論這些股票被形容得有多吸引人，就是不碰。因為這些都不是巴菲特眼中的好公司，如果他來投資台股的話，他不會投資自己不熟悉的行業。

以下我個人認定好公司的特質：

1. **大型公司且維持一致的獲利能力**。我並未認真去限定股本一定要多大，但一定是上市超過兩年的公司。有的公司在上市前的財務報表會經過美化，等上市後營運就沒之前那麼好。用兩年的時間去觀察，比較能確定這家公司是否值得投資。一般上櫃和興櫃的公司我通常會敬而遠之，因為不太能確定是否值得長期投資。

2. **擁有良好的經營團隊**。

3. **簡單易懂的企業**。這對於一般投資人很重要。創造自己的被動收入，沒有必要弄得太複雜，也不須花太多的時間去搞懂一個陌生的產業，除非自己有興趣去鑽研。

巴菲特持有的可口可樂和吉列刮鬍刀都是不需要再進一步解釋的產品，路人皆知。我持有的統一（1216）是天天在街頭巷尾都可以接觸到的，星巴克、7-11、康是美、黑貓宅急便等都是屬於統一的，個人也對這家公司有著特殊的感情，所以我是買進後持有，有機會在買。

4. **持續的競爭力**。按照巴菲特的說法，競爭力就像是護城河，又深又寬的護城河保護著公司，不讓其他公司能夠輕易地攻城掠地，甚至把其他競爭對手擋的越遠越好。

最近抓娃娃機店如雨後春筍般的在街頭巷尾出現，以無人商店的模式在經營。多次經過發現，還真的是無人店，連顧客也沒有。

這種好像只要有些資本就可以經營的行業，誰都可以加入，就好像是沒有護城河在保護著，大家競爭的就只是誰的資本夠雄厚，誰的氣夠長。這種一窩蜂的現象在過去一直不斷地在街頭上演著。

早年高雄隨處可見的棒球打擊場、保齡球場、葡式蛋塔專賣店、泡沫紅茶、烤小饅頭攤等，都曾風光一時到現在已成記憶。我們股市也會有這種現象，太陽能或光電概念股也曾是投資人心中的寵兒，更早的網路概念股也是有同樣的命運。最後，能脫穎而出的還是具有真正競爭力的好公司。

一般而言，具有持續競爭力的公司不是資本雄厚，就是一直研發保持技術領先，還擁有優秀的管理團隊，讓公司一直保持領先的位置。

就像在面對2020年新型冠狀肺炎，好的領導團隊會帶領公司挺過這次危機，優秀的團隊會面對危機，將之轉為機會而使業績更上一層樓。這就讓我想起股市的名言：好老師帶你上天堂，不怎樣的老師引你住套房。

5. 董監持股大於10%。一家公司董監事持股多寡，代表他們對公司的信心。自己都一直在賣自家的股票，怎麼可以讓一般投資人能放心地長期持有。感覺好像是船長帶頭跳船了，其他乘客能不去搶救生圈嗎？

玉山金（2884）除了董監事持股穩定，其中高階主管也都長期擁有股票當作退休金。除了一直穩定成長，這也是我長期買進和持有玉山金的理由之一。

若覺得前述的五個特質還是太過繁瑣，我會建議投資人去找個領域中的龍頭。會成為龍頭的公司幾乎都是好公司，像是台積電（2330），它在晶圓代工的領域中已經是居世界的領導地位。絕對符合我們買進持有的第一個原則，只是現在的價格稍微貴了些，尚不符合買進的第二個原則。

買進好價錢

在銀行定存利率低於 2%時，我將我的股票當作像是銀行定存一樣，每年固定領取股利，只是希望能有比較高的利率。目前我是將合理存股利率設定為 5%。

每家公司會根據過去一年的營運績效，決定這一年要配發多少股利，例如 2009 年大統益（1232）決定配發現金股利 2.4 元，當時因為金融風暴的拖累，股價跌到約 23 元，換算成利率大於 10%。這就是好價錢。

我的經驗是，股市幾乎是天天都在上下波動，跑短線的和做波段賺差價的都會隨之起舞。但是，公司每年要配發多少股利，卻不受股市震盪的影響。想要用好價錢買到好公司的股票，心中自有一把尺，採取人棄我取法，也就是巴菲特常說的：「當別人恐懼時，我貪婪。」

圖表 3-2　股利利率的計算公式

在實際操作時，我一定謹守買進的原則。若不是符合好公司的條件，我就不會再去看價錢。儘管價錢再低，我也不會買進持有。謹守這個紀律，就不怕接到天上掉下來的刀子。因為好公司的股價也許會一時委屈，但早晚會還給我們公道的。

不被套牢的「賣出條件」

公司變壞了

洪瑞泰習慣用好學生來形容好公司，好學生通常成績都表現得很優異。

偶爾也會因為突發事件而影響到成績的表現，像新冠肺炎的疫情，無論是好壞學生都會受到波及。等疫情舒緩後，好學生還是會回到該有的表現。不過，在叛逆期的青少年，也有好學生學壞了，抽菸、打架、交到壞朋友，沒有將心思放在課業上。成績也就一落千丈，再也回不到榮譽榜上了。

大同（2371）曾是國貨之光，尤其是大同電鍋到現在仍幾乎是每家廚房的必備家電。1981 年暑假，我赴美進修，就曾考慮是否也要帶一個大同電鍋出國。那時，每年去美國留學的台灣學子超過萬人，學成返國的相對是少數。天真的推論，美國各地應該到處都有電鍋，我應該不用辛苦地再隨身扛一個去吧！正如山人所料，四年後要回台任教時，我留給學弟妹三個大同電鍋，全都是接收的。誇張的是，還有一個沒開箱的，全新的。

大同的風光大家記憶猶新，其子公司華映（2475）更是世界映像管市場的牛耳，絕對是好公司，也是好學生。然而，像柯達一樣，映像管被 LED 面板取代，不久前已經宣告破產。大同老董事長辭世後，家族內部問題層出不窮而公司的業績也直直落。本業不再賺錢，而是靠著土地資產在撐場面。

這是標準的好公司變壞了，我也將自己擁有的大同股票出脫了。也可以說是，因為買進的理由消失了，大同至少暫時不是一家值得長期持有的好公司。雖然仍在用大同電鍋和電熱水瓶，我卻不再是這家老牌公司的股東了。

股價太貴了

另一個會考慮賣出的情況是，股價已經漲到天上去了。換算成利率，已經和存銀行的定存利率多不了多少。例如大統益過去五年每年都配 5 元股利，若是現在的股價已經飆到 200 元，換算成利率已經只剩 2.5%，比銀行定存好一些。

今年如果仍是配 5 元股利，就可以考慮是否先賣出，因為股價已經漲得太高了。等激情過後，它的價錢還是會降到接近合理的價位的，那時我會再買回來的。

要跟大家報告的是，到現在為止，我的股票都還沒發生這種情形，所以我也就沒有因為股價太貴而賣出任何一張股票。其實我心中也很期盼這個賣出機會的出現。

一般賺差價的投資人會在股價上漲一個階段就獲利了結，落袋為安，稱之為停利。堅守巴菲特原則的我認為，存股的投資人應該要分清楚股價是漲了，還是貴了？再用大統益來當例子，我的第一張買在 23 元（2009 年）。現在的股價是約在 120 元左右，是漲了許多，我沒有賣是因為還不算是太貴。

還有更好的標的

長興材料（1717）和中鋼（2002）都一直是我心中的好學生。

2019 年前三季財報顯示，長興材料的盈餘超過 2018 年一整年，2018 年每股獲利是 1.25 元，2019 年前三季是每股 1.44 元。中鋼在 2018 年每股賺 1.58 元，2019 年前三季的獲利只有 0.6 元，表現明顯落後長興材料。

兩家股價差不多，所以我賣出了一些中鋼的股票，而增加了長興材料的持股。預計今年暑假應該可以多領一些股利，等中鋼的業績回春後，再逢低買回。

在自己存股的過程，遵守買賣的紀律很重要，這樣才能擋掉不必要的誘惑和雜音。股市漲漲跌跌，各種消息真假難辨，再加上偶爾飛一隻黑天鵝來攪局。我認為，一定要守住這些原則才能保持清醒，才能知道咖啡園裡該添植哪些品種的咖啡樹，而哪些樹需要修剪，甚至哪些應該要被淘汰，讓每年暑假的收成能增加到預期的目標。

什麼是好價錢？

美國聯準會為了因應新冠肺炎帶來對世界經濟的衝擊，將銀行利率降到幾乎是零了。

其實，我們進入低利時代已經有一陣子了，一般市井小民在銀行的存款利息幾乎都被物價上漲的怪獸吃掉了。於是，能夠每年穩定地從台股領取約 5％的股利就漸漸變成許多保守投資人的選項之一。

基於前述的原因，我的好價錢就是以股利的利率來做參考。

2.5％的倒數是 40，也是所謂的本利比，買股成本和股利的比。但與本益比是不一樣的，公司的收益通常不會百分之百分配給股東。（見下頁圖表 3-1）

以大統益（1232）為例，大統益 2019 年配發現金股利 5 元，其合理價應該是 100 元（5×20），也就是你若

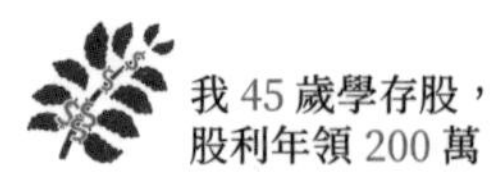

是用 100 元買一張，你會領到 5000 元的股利，相當於 5% 的利率，高於銀行的存款利息。

若是哪一天大統益漲到 200 元，換算成利率相當於 2.5%，已經接近銀行的低利了。這時的大統益達到有些貴了的價格，可以考慮先賣出。

如果股價跌到 50 元或更低，那就來到便宜價了。買一張領的股利利率是 10%，算是高利！

因此，2020 年大統益如果仍然配發 5 元的現金股利，就可以用現在的價格做比較，看是否合理。寫稿的當下，大統益的股價是 100.5 元，不考慮其他因素，現在應該是接近合理的價位了。我的持有成本是 72.36 元，有漲但沒

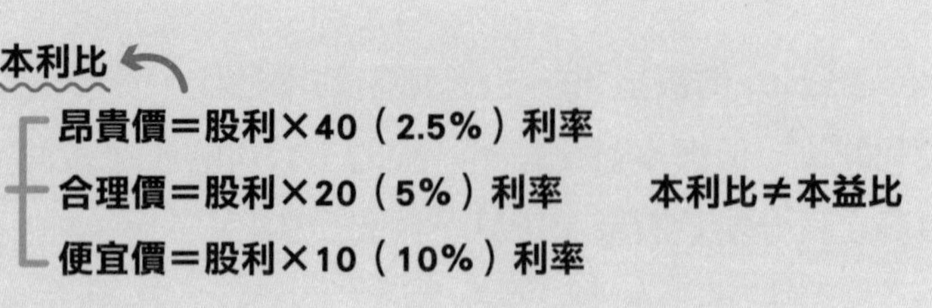

圖表 3-3　本利比的算股公式

有到貴，所以我不會賣出。如果沒有其他更好的標的，我會再增加我大統益的持股，多種幾棵樹。

這是從存款利息的角度，檢視一家公司的股票是否值得持有，不配息或配很少的公司幾乎就不會進入考慮的名單中。其他公司都可以同樣的方法，找到目前的股價落在哪裡，是否值得買進？

台積電（2330）2019 年配發 9.5 元的股利，如果今年不變，其合理價是 190 元，便宜價是 95 元，380 元就算是貴了。目前是 268 元，不算是便宜。當然這是從存股的角度來判斷，股市也許會給台積電更高的價錢。

有的公司是同時配股票股利和現金股利的，我的算法就可能有些不同。像剛公布的玉山金（2884），今年預定配發股票和現金都是 0.79 元。現在股價是 23.55 元，換算成股利率是 3.35%。另外的股票股利就可以直接將其轉成利率 7.9%。

好公司通常都會填權和填息的，只是時間快慢而已。至少我的股票過去從未發生貼權和貼息。現在用 23.55 元買的話，會有約 11%的利息，這尚未將玉山金的股價可能上漲算進去。

無論如何，若是用合理價，甚至是便宜價買進一家股票後，不用花太多心力去照顧。時間到了，每一年收成一次。我的玉山金目前持有成本在 10.82 元，用我的方法換算的利率是 15.2%！現在也存到超過 200 張，希望早日存到 300 張。

如何打造自己的夢想莊園？

剛開始理財時，真的只是一知半解，瞎子摸象般的且戰且走。還好沒有跟著大家跑短線、看線型。一則是因為實在沒時間，也沒興趣天天盯著盤，跟著殺進殺出。二則是天性使然，身邊周遭在股市進出的大都在賠錢。那他們用的方法就可能有問題，這讓我心生疑慮，而不敢盲從。

等書看多了，也參加巴菲特班，將所學的運用到自己的投資組合上。一段時間後居然有差強人意的成效，提振了自己不少的信心，也開始在自己的課堂上與學生分享。

記得有次在研究所的課上提到股票，有位同學眉飛色舞地回憶，說著自己那段在闖蕩股海的輝煌日子。幾乎每檔股票都是耳熟能詳，從他記得每一家的代號就能看出一端。等他精采的故事告一段落時，我問他現在的身家應該不是上億，就是好幾千萬吧？這時好像電壓不足，他臉上的光彩突然黯淡下來。

唉！好像沒有賺到錢？

他的故事突然讓我聯想到雲霄飛車。出發後高速地在軌道上奔馳，忽上忽下，左右搖擺，讓乘客一直尖叫不已。最後回到原出發點，只留下驚悚興奮的回憶和翻胃的感覺。重點是，又回到原點。

經過金融風暴的洗禮之後，我將學自巴菲特的投資原則，確實地運用在自己的存股組合上，漸漸地形成一個簡單的方法。除了自己，我的小外甥也被說服，加入實驗。五年多來，目前成績還符合預期。我認為，應該適用於任何想開始打理自己財務的讀者。現在先將方法說明如下：

先盤點自己目前的財務狀況

A 是薪資和生活支出的帳戶，每個月的薪水會入帳，日常生活開支、繳交貸款或信用卡扣款等都由這個帳戶支出。除了日常開支，還應該保留一些存款，以應付未知的意外支出。像是政府預算裡都有預備金，建議要保留 1 到

3 個月的緊急預備金，視每個人的狀況不同而增減。

有些所謂的「歸零族」（見圖表3-4），每個月花光光。如果遇到任何風吹草動的意外花費，都要找人周轉、刷卡背循環利息，甚至和地下錢莊打交道。這都是自己在挖財務陷阱讓自己跳。

有些人的財務狀況比較好，也有投資股票，但是沒有預留足夠的準備金。若是遇到需要額外支出時，往往需要賣出股票來應急。在不該賣出股票時賣出，會降低存股的績效，甚至產生虧損。

我常在課堂上讓學生做一個小小的活動：每個人閉上眼睛想想，若是下個月沒有收入，或是父母沒有給生活費，要維持同樣的生活，以現在的存款或加上資產，可以

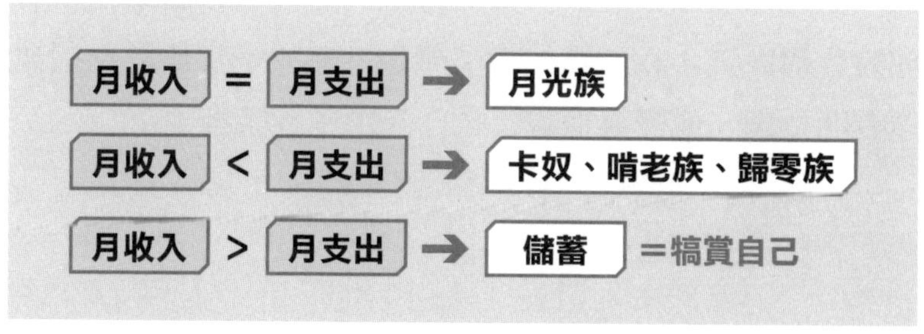

圖表 3-4　月光族、歸零族、犒賞自己的公式

過多久？印象深刻的是，有一次在暑假老師進修班上進行這個活動。幾秒鐘後，居然有人驚呼一聲：

老師，我只有半個月。

現在有不少月光族，成年的不婚人口也成長不少。校園裡很多單身貴族，工作穩定且有固定薪水。若平日花費節制些，每年都能存上一筆為數不小的儲蓄。當老師的還有寒暑假，這是令一般上班族羨慕不已的。所以除了暑假回校園進修，這些單身貴族很流行組團出遊，國內外都有。重點是觀光加上採購，開學時存款可能又回到了四位數，甚至更少。

這又讓我想起以前有位同事，為人四海，很喜歡請大家吃午餐，深受眾人喜愛。但他是標準的月光族。我看過他的存摺，都停留在三位數。某天，聽他在系辦公室拿著他的存摺大笑，我以為他中了樂透。結果是那個月存摺裡還有四位數，他豪邁地說：「今天中午我請客！」

養成儲蓄的習慣

建立存股咖啡園的第一步，就要先去證券公司開兩個帳戶：一個是買賣股票的證券存款帳戶 B，另一個是集中保管的證券存褶 C。（見下頁圖表 3-5）

最好每個月都能固定將錢存到帳戶 B，並養成習慣。

在圖示中，我特別強調那是單方向的，至少前三到五年是指固定的存錢，只進不出。這樣做有兩個原因：一是連續存 3 年的錢，應該會養成儲蓄的習慣。二是要能看到存股的初期成果是需要時間的。3 年的時間會讓你的存股莊園略具規模，更有信心地繼續耕耘。

年輕的讀者只要養成習慣，每月存款少一些也無所謂，因為你們有的是時間。稍年長的，或是像我當年已經是快 46 歲了，每個月就要盡量多存一些。因為時間不站在我們這邊，我們這些年長者需要存比較多的錢，才能在較短的時間內產生相同的效果。

坊間有文章建議，要養成先存再花的習慣。在此要特別要釐清，應該不是存了錢馬上花掉，而是要延遲享用。沒有必要的花費就先不要去消費，用存款投資去產生被動

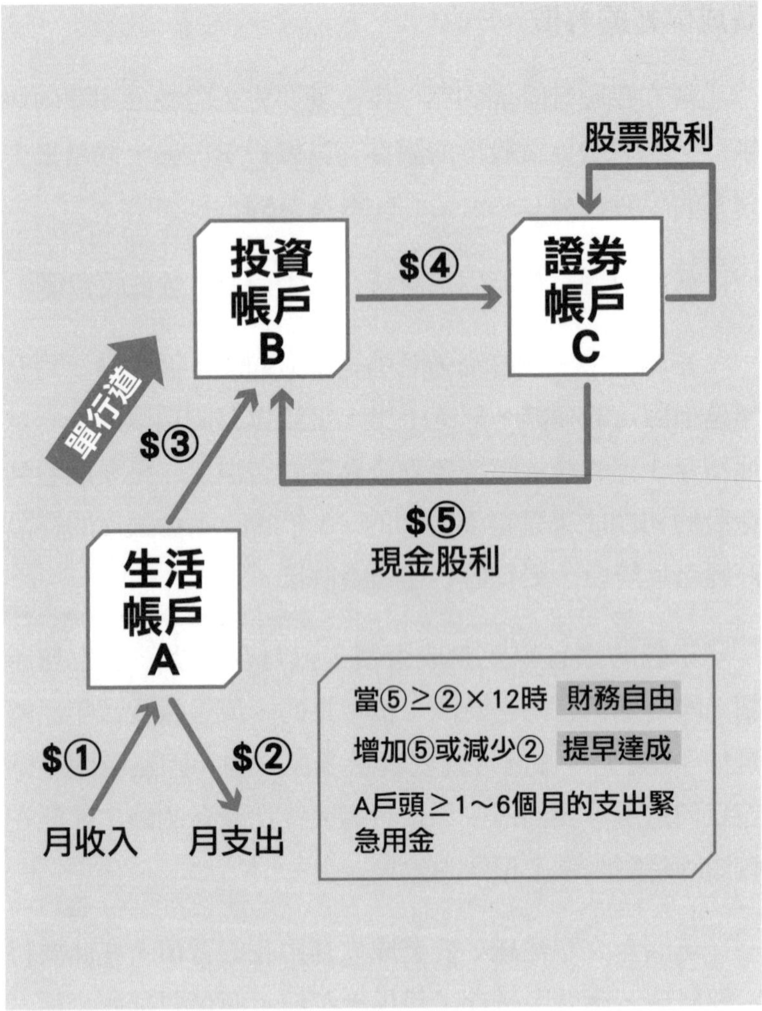

圖表 3-5 財務自由的帳戶 ABC

收入。再讓時間產生複利效果，也就是所謂的錢滾錢。等獲得財務自由之後，才去圓夢，再做額外的消費。

當開始在帳戶 B 存錢時，我們就要開始運用巴菲特的買股原則尋找適當的投資標的。等到有合理價或便宜價出現時，就可以將存款換成股票。這時，帳戶 C 會顯示你所買的股票，而相對的帳戶 B 會被扣除相對的金額。

讓配股配息產生複利效果

台股通常是在每年的七、八月配股配息，也是所謂除權息的季節。由於各家公司配股配息的日子不盡相同，所以在那段時期幾乎每週都會有一、兩筆股利進帳。每次補摺時，都像是看到咖啡樹上結實累累，真的有農家收成的喜悅！

按照圖示，現金股利會經由③存進帳戶 B，而股票股利會在存入帳戶 C。例如我有一張裕融（9941），去年的現金股利是 5.5 元，所以有 5,500 元入帳。另外，還配 1 元的股票股利，就有 100 股進入我的證券帳戶。因此我除了領到現金股利之外，我的裕融從一張成長為 1.1 張。

流程③和流程④，每年至少會走一次，因為現在有些公司開始每年多次配發股利。這樣循環幾次後，就會產生複利效果，你也會發現你的咖啡園開始從荒蕪變得有些綠意。這段時間你的儲蓄習慣依舊，經由①仍會定期注資到帳戶 B，會有一點雙管齊下的效果，讓預期的財務自由提早來到。

從博達事件*後，現在的公司多以配發現金股利為主。對一般公司而言，直接發現金給股東不會影響到公司的股本。除非是公司在擴張時期，需要成長而配發股票股利。否則股本膨脹太快，反而會稀釋了未來的獲利。

公司若是沒有足夠現金，或是營運狀況不佳，為了維持股價可以只配發股票股利，來打腫臉充胖子，但早晚有一天會破功的。博達當年出事，董事長坐牢就是一個例子。所以避開只配股票而沒有現金股利的公司，也可以避掉踩地雷的風險。

---

* 博達科技掏空案（簡稱「博達案」），為台灣博達科技董事長葉素菲所主使之掏空案件。

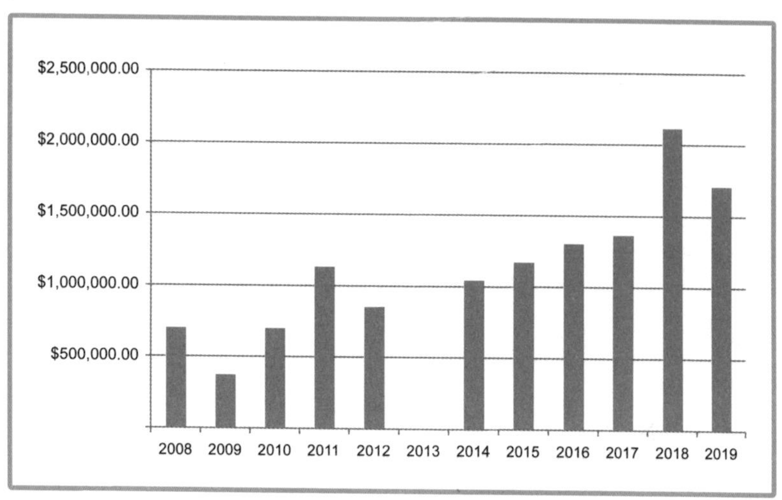

圖表 3-6　**每年現金股利圖**

現金股利，像是每年從莊園裡採收的咖啡豆，正常情況下回逐年成長（見圖表 3-6）。當股利除以十二等於你的月支出，也就是現金股利等於你的年支出時，恭喜！你達到了財務自由的目標了。如果你節儉度日，降低自己的每月開支，那你將提早達標。（見下頁圖表 3-7）

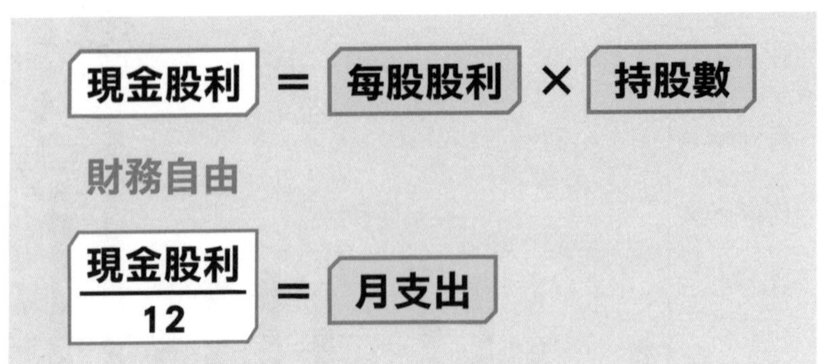

圖表 3-7　靠領股利財務自由的公式

第4章

存股實戰心得分享

意外認識統一

羅大佑的名曲之一〈童年〉，歌詞中唱到學校裡的福利社。福利社應該是每個人求學時代的美好回憶之一。

1985年回到高雄師範大學任教。當年福利社多由學校的福利委員會委外經營，而福利委員會並不是學校編制內的單位，那樣的運作並不符合相關法規。沒多久學校接到教育部公文指示，解散福利委員會，並成立員工生消費合作社。

沒想到的是，我被選出來擔任第一任的理事主席。原福利社已經熄燈打烊，新的合作社還不知要如何營運。在不想回到委外經營的老路，自己又從無經營任何小生意的經驗的尷尬窘況下，等著看好戲的應該不在少數。

那時，我們工業教育系另一位歸國學人也是末代國民大會代表荊溪昱博士，提議應該設立現代化的便利商店。

那時，要能以便利商店的方式來經營學校合作社，統一是唯一能夠學習的對象。當年的統一還沒有現在的規模，但也是一家大企業，不是隨意能夠登門拜訪的。

還好那時我們的蔡總務長有熟識的親友擔任高清愿董事長的祕書，經由他的指點，我寫了一封信給高董事長請求協助。

沒多久統一南區麵包科的蔡科長來學校找我，手裡拿著董事長下的條子，記得上面寫著：「全力協助高師大成立合作社。」統一和我超過三十年的緣分就此展開。

當時的高師大還是公費時代，僅有七個學系，學生人數約 1400。經過統一的評估，我們校園是封閉式的，學生人數不多，再加上還有寒暑假，勉強給了 60 分。通常是要超過 85 分統一才會設點，蔡科長面帶難色地告訴我。

有高董事長的指示，蔡科長和我的決議是，除了不掛統一的招牌，其他完全比照一般設點的流程，而我則去中壢接受店長訓練。我不是要去站櫃台打收銀機，而是回來後我可以教合作社未來的同仁如何經營。現在回想起來，我可能是在大學教書裡唯一受過店長訓練的。

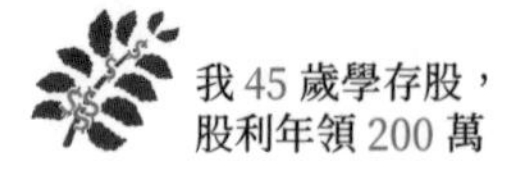

三十年前，便利商店才剛在台灣起步。統一有兩套系統：7-11 和統一二代麵包店。當時還沒有加盟的風氣，山寨版的便利店隨處可見。我在高雄就看過統二、統十和統千等創意十足的店名，以及顏色遠遠看起來像是 7-11 的進階版雜貨店。經過一段時間的籌備、整修和進貨，合作社在五月裡開張。

在不到 40 坪的店面裡，還規劃了約 12 坪的書店。我認為大學校園裡應該要有一個像樣的書店，於是我找了熟識多年的復文書局進來經營。不知這算不算是現在流行的複合店的開山老祖？

在當時被稱為文化沙漠的高雄，高師大能將校園裡的合作社升級到便利商店加書店，應該是創舉。《聯合報》、《中國時報》、《自由時報》和《民生報》等都有報導，甚至還有彩色照片。

和我同期在中壢受訓的學員裡有三位來高雄展店。一年後，我們合作社的業績排第二。聽說有讓統一內部的刻板印象為之改變，一個封閉的校園小市場還不是天天都開門做生意，居然能有那樣的成績。爾後的大學校園內各大便利商店進駐，不知和我們當年的創舉是否有關？還是大勢所趨，那只是巧合而已？

其實，不只是我們高師大合作社讓統一留下一些印記。在我與統一合作的那兩年多時間裡，和蔡科長與他的團隊建立了良好的默契及友誼。雖然我們已經有很長一段時間沒有聯絡了，但是當年在一起打拚的記憶仍很鮮明。

最重要的是，我認識了統一這家企業。其實，在前往台南總部拜訪的第一印象是，這家公司怎麼好像公家單位。好樸實！慢慢地，統一在我心中就是一家好公司。我也自認為我自己也可以算是半個統一人。等到我 2001 年開始自己管理我的投資組合時，我的身分就變成統一的小股東了。

統一贊助的！

2013 年，兒子大一的暑假，我們全家去美國訪友。先飛去北達科達州（North Dakota）的大福克斯（Grand Forks），我去看以前交換時的老友們，兒子則和以前的同學敘舊，並一起回到中學拜訪老師。三天後，我們租車前往西雅圖。

帶著星巴克老店的紀念馬克杯回高雄的第二天，收到信用卡的扣款通知，其中刷卡付了機票 15 萬元。當時是在倉促中臨時決定那次出遊，沒注意機票價格是否能有更好的價格。所以心中只是閃過一絲念頭，15 萬元也算是一筆不算小的支出。隔天在信箱收到統一的股利通知。打開一看，哇！會有這麼巧嗎？不多不少，正好是 15 萬元。當然，還是有些零頭。於是我向兒子揮舞著那張通知說：「這次統一贊助我們飛機票！」

去年暑假，我們沒有任何旅遊計畫，但統一仍然準時寄來股利通知，45 萬的現金股利已經入帳。現在希望不久之後，我的咖啡園裡能有至少 200 棵統一咖啡樹。

三十多年前，突發奇想讓我有機會和統一結緣，並進而成為小股東。現在出門逛街，隨處都能看到統一相關的各家門市，讓自我的感覺良好。唯一遺憾的是，再也沒有機會向高董事長當面致謝了。

老爸替你賺錢了！

前文提到，我是在 2001 年時開始存統一的股票，那時我還不太清楚存股的概念。只是相對於統一超（2912）

動不動就是一張90,000元的高價，統一（1216）十幾元的銅板價要親民多了。

我的習慣是每次都買一張，至今大多仍保持這個習慣。僅靠每月固定收入，慢慢存錢的教書匠，要一次買好幾張，實在是強人所難。另外，手邊若是還有閒錢，股價下跌時，我還可以再買一張更便宜的。這是我當時天真的想法。

就像2020年一樣，2003年的SARS席捲全球，股市當然不能倖免。除了配合防疫，記得當時每天都在注意報紙公布的數據。不是股市的指數和股價，而是確診人數。當確診人數開始穩定下降時，我推測病情應該已經受到控制，SARS的風暴應該會逐漸消失。

那時，我開始用10元上下的價格每天買進兩張。沒錯，每天2張，怕一張太少。SARS奇蹟般地突然消失了，我的統一也神奇的存到105張，成為我持股張數過百的第一家公司。

在那時，買股票的主控權是操在我手上，但老爸仍可以買賣我的股票，我的存摺圖章也還在他老人家那裡。主要是讓高齡八十的他，每天都有些加加減減的動動腦，以免得到老人痴呆症。當然，免費的會計也是求之不得的。有一個週末，我照例去不遠的老爸家吃老媽燒的菜。一踏進大門，老爸就異常興奮地朝我大聲嚷嚷：「兒子，我幫你賺錢了！」

一時間我還來不及反應，下句話就如驚蟄的春雷：「我把你的統一賣了。」

「什麼？你為什麼要賣統一？全賣了嗎？」

賣了 40 張。阿彌陀佛，還有 65 張。我隨即要求，以後沒我的同意不要隨便賣我的股票。然後，就聽到一個委屈的老者在喃喃自語：「都賺了 70％還不賣。」我 10 元買的統一已經漲到 17 元了。

那時的我已經有了股票漲不一定要賣，但還沒有到底漲多少才算貴的概念。只是直覺地把股票抱著，然後再抱更多。遺憾的是，我再也沒機會用低於 17 元的價錢把失去的統一再買回來了。還好的是，我把賣掉統一的錢全部拿去買一股 13 元的中鋼。

用一張大統益來溜狗

2009 年初，台股因為國際金融風暴來到低點，各家券商的大廳都是門可羅雀。

有一天，有一位跟我要好的同事提到他買的大統益（1232），他覺得我會對這家公司有興趣。

我查詢資料的結果得知，大統益公司位於台灣嘉南平原的中心，是台灣營業規模最大的大豆提油廠，由統一企業、泰華油脂工業、大成長城企業等三家企業合資組成的。大統益符合好公司的原則，其產品簡單易懂，獲利穩定，市占率高。那年，預計配發股利 2.4 元，當時股價在 23 元，換算成利率超過 10%，也符合好價錢的原則。

因為整個股市還處於金融風暴中，也怕是否還會有更低的價錢。所以按照自己多年的習慣，一次買一張，先試一下水溫。我同事先買的價格較低，但沒想到再也沒出現比 23 元更低的價格，反而逐步墊高。當時，沒有用合理價計算是否該多買一些來存，即使價錢稍微高了些。所以，有一段時間我一直只有一張大統益。

我覺得用這一張大統益來說明存股，應該是再好不過了。十一年來，共領了 43.5 元的股利（見圖表 4-1），應該早就回本了！今年還要繼續領。如果仍是配 5 元股利，利率就是 21.7%。現在去哪裡找得到這麼高的利率？

若是我現在賣出這張大統益，可以領回 12 萬元，資本利得約 10 萬元，獲利率約 434%。這完全印證了歐洲股神科斯托蘭尼（André Kostolany）的溜狗理論，隨著經濟或是股價成長，除了股利，還可以賺到利差。只是現在我還不會賣它，因為大統益雖然已經漲了很多，但還沒有超過貴的價格。以目前的情況來看，超過 200 元才算是昂貴價。

年度	2009	2010	2011	2012	2013	2014	2015	2016	2017	2018	2019
股利	2.4	3	3.5	3	2.8	3.8	5	5	5	5	5

圖表 4-1　**大統益持有期間配發的股利**

按照巴菲特原則存股，我的股票絕大多都有漲，但還沒出現貴的價錢。因此，我也沒有因為股價貴了而賣出任何一張股票，雖然我也很想有這狀況出現。順帶一提，當年介紹大統益給我的那位同事，他賺了些差價就獲利了結了，沒領過一次股利。我們至今還在辯論誰是誰非！

岳母以前早上都去公園運動，結識一批唱歌、跳舞、運動的地方媽媽。除了在一起聊八卦，當年股市狂飆的全民運動時期，這些資深熟女們也沒有錯過。活動後，每一個開盤日大家都在 VIP 室裡湊熱鬧。

台股多頭時，想不賺錢都難。VIP 室根本是天堂！但好景不常，當空頭來襲時，大家都鳥獸散，能全身而退的可能只有極少數。自此之後，岳母視股票如劇毒，避之唯恐不及，郵局定存成了她辛苦存錢的避風港。

2015 年春天，她有一個 100 萬元定存到期，每年少少的利息實在慘不忍睹。於是，我建議她不要再續存，可以替她在股市裡賺比較多的利息。雖然以前慘賠的陰影仍然揮之不去，但她在我說服之下，提撥了 21 萬元，讓我幫她買了三張大統益，每張 70 元。

幾個月後，第一筆股利15,000元進了岳母口袋。還好大統益沒有讓我漏氣。現在已經領了五次股利，股價也漲到了120元左右，未實現獲利也有15萬元了。太太見到成績還不錯，也跟著存了四張，只是成本較高。

弄清楚情況前，別跟著大家殺進殺出！

有關大統益的故事，還有一個值得與大家分享。

幾年前，很少人提到存股，雖然我已經鼓吹的一陣子，會相信我的朋友屈指可數。我有一位女性友人也跟著買了幾張大統益。2013年10月突然爆出大統長基等幾家黑心油事件，當天食品相關的個股都大跌。這位朋友一聽到消息，立刻將手中的大統益賣出，再也沒有買回來。

我想強調的是，碰到這種突發的壞消息，別先急著賣股票。最好先確定是否是自家公司出事，別只聽到大統兩個字就開始抓狂，在看到股價下跌更耐不住。

如果是自家公司出事了，要判斷是偶發的意外，還是公司變壞了？像這次事件只是名字有些相似，又都是生產食用油的，絕對是被錯殺的。我不但沒有賣，還趁低再撿了幾張便宜貨。這又是一個好公司遇到壞消息的例子。

好公司不小心買貴，讓時間降低成本

小時候因為家父的好友在南亞任職，我就已經耳聞台塑這家企業。只知道是王永慶兄弟一手創辦的，但所知有限。剛回國教書時，我有一次機會去明志工專參訪，那時私立的明志工專在北部的名聲僅次於台北工專。

在參觀的過程中，好奇地向陪同人員詢問：「這麼好的私立學校的學費應該不便宜吧？」得到的答案是，普通收費。進一步探索才知道，學校是由台塑企業創辦人王永慶先生及王永在先生乃於 1963 年 12 月捐資創設的。創辦人還會不時地將自己的股票捐給學校，學校每年也會配到股利。那位明志的同仁驕傲地告訴我，學校上個年度就領了 5 億元的股利，完全免學費都無所謂。

這已是多年以前的往事了，不知現在已經升格為科技大學，每年可以從自家擁有的股票中提領多少股利？

回到高雄後，開始注意台塑（1301）的股票，逢低買進。一開始有 4 張台塑，2 張南亞（1303）。只要它們的股價跌破 30 元，我就會考慮買進，哪一家便宜就先買哪一家，如果手邊正好有閒錢。現在咖啡園裡有 23 棵台塑，均價是 21 元。25 張南亞，均價 35.56 元。

隨著產業獲利成長，和我現在遵守的買賣原則，30 元不再是參考價位。目前台塑低於 90 元，南亞低於 70 元，我就會開始注意。

2008 年春天的某日，岳父在報紙讀到有關台塑的報導備受感動，要我太太去買台塑股票。聽話的女兒立刻用當時不多的存款買了一張，價錢是 98 元。我是事後知道，已經於事無補，而且股價也開始走跌，那就只好擺著一直到現在。就在前些時，台塑好不容易回到當初的買進價，心中的石頭才放下。至少沒賠錢？

在寫本書時，還特別去查了台塑歷年的股利。過去十年，台塑一共配發了 39,700 元的現金和 100 股的股票股利。也就是說，若是買到好公司，不小心買貴了，還可以讓時間降低成本。先決條件是要選對好公司！

大水沖走了我的買股原則

2001 年 9 月 17 日，納莉風災帶來的大水，讓台北市瞬間變成了台灣的威尼斯。熱鬧的忠孝東路東區也泡在水裡，讓生意興隆的太平洋 SOGO 百貨公司首度封館，暫停營業。

作為太平洋集團的金雞母沒有了營收，讓太平洋集團的財務操作產生了危機。於是太平洋建設的章董事長拜託當時政府協助，希望銀行不要雨天收傘，讓企業有喘息的機會，以度過難關。隨後發生了 SOGO 禮券事件*，太平

* 「SOGO 案」，是指稱當時第一夫人吳淑珍收受大筆 SOGO 禮券，從而協助遠東集團負責人徐旭東，利用原先東主章民強資金周轉不靈的機會取得經營權。

洋 SOGO 莫名其妙的變成徐旭東的遠東旗下等不可思議的事件，震驚了全台灣。

公司財務因風災而產生了大洞，集團的金雞母也不翼而飛，讓太平洋建設的股票被打成全額交割股，離股票下市只一步之遙。

我家在台北先後兩戶公寓都是買太平洋建設蓋的，先是在新店的中央新村，後又搬到天母的中山北路七段。我是太平洋建設的忠實客戶，他們的服務也是讓我家願意在換屋時還是選擇太設的主要原因。

記得天母老家的廚房磁磚破損了兩、三片，我母親打電話去建設公司，馬上派人來家維修，還一直抱歉說沒有同樣的磁磚可以替換，只能用顏色接近的磁磚，因為我家房子那時已經快二十年，沒有庫存了。一般消費者應該沒有這種經驗吧！

所以當我看到了 SOGO 離奇的新聞時，心中非常憤慨，號稱民主的現代社會，怎麼會發生這種只電影或小說裡才會出現的醜聞。於是，我用行動去力挺太平洋建設，買進它的股票，而且一次 5 張。因為那時一張只有 1.8 元上下，沒多久我擁有 90 張太設股票。

當時，我的咖啡園存股法原則尚未成形，但還是會去買耳熟能詳的龍頭公司。太平洋建設是唯一還在賠錢的公司，只是憑著一股打抱不平的義氣。心想要賠也沒有賠多少，但讓家母嘀咕了好一陣子。

前些時，章老董事長因長年事已高而辭世，章家也退出了太設的董事會。我的買進理由消失，於是將手中的股票以十多元的價錢賣出，留了一張做為紀念。希望商場上不會再發生類似的醜聞！

嚴氏家族的汽車夢

不知為什麼，從小就特別喜愛汽車。每次坐公車時，都要搶司機旁的座位，欣賞司機伯伯瀟灑的掌方向盤、俐落的踩剎車。小學時作文，我的志願是當公車司機。大學時，十大建設之一的中山高速公路通車時，公路局引進美國的灰狗巴士，取名為國光號，專跑台北高雄。

穩固的車體，加上國光號小姐如空姐般的服務，都令消費者耳目一新。防衛式駕駛的觀念也是那時一起引進來的。一直到現在我還是夢想能有機會開到正港的國光號，雖然它已經在路上消失了好一陣子了。

大車夢碎，只好轉到一般小轎車了。大學時就有機會到裕隆新店廠參觀，對一心想替中國裝上輪子的嚴慶齡創辦人起了敬意。在美國求學時，裕隆發表飛羚 101，造成一時的轟動。我還將這部車的型錄帶回美國，向酷愛車子的指導教授炫耀。將近四十年前的飛羚就有抬頭顯示等多項很先進的配備，讓老美驚訝不已。

返國任教後，又有機會擔任建教合作的評審工作，裕隆三義廠是那時的評鑑對象之一。其廠房寬敞和設備新穎，那就不再話下。參觀過學生宿舍和員工餐廳與運動休閒設施後，留下了深刻的印象。

我覺得裕隆公司是有將員工視為資產，提供了良好的工作環境。回高雄後就開始追蹤裕隆的營運表現，有空時就去高雄的銷售據點打探。向銷售人員詢問，若要訂某一型的車還要等多久。答案是要一、兩週，因為沒有庫存，要等總公司的配額。

對我來說，這代表銷售的情況很好，我就開始關心裕隆（2201）的股價，逢低開始種樹。當然成了裕隆的小股東後，對自家公司的產品也是要捧場的。新尖兵是我的第二部車，後來又添購了一部 Cefiro 2.0。

近年來，裕隆因為納智捷的營運未如預期而被拖累，再加上新店舊廠的開發計畫也未能順利進行。最不幸的是，嚴凱泰的英年早逝，震撼最大。雖然如此，我仍然認為裕隆是一家好公司，應該有機會谷底翻身。所以我仍在持續追蹤它營運的表現，再決定是要多種幾棵樹，還是要砍掉一些。

退色的牛仔褲

牛仔褲原是美國西部開拓時勞工階級的工作服，二次世界大戰後，開始變成一般青少年的流行服飾。

我在高中時期，除了黃卡其制服，最愛的就是牛仔褲了。從流行喇叭的到直筒的，中腰的到低腰的，各種樣式好像衣櫥裡都曾掛過。只有最近流行到處是破洞的，好像是以前我們穿到要報廢的那種，還沒有吸引我的購買欲。

隨著當年嬰兒潮邁過六十，向七十挺進的當下。牛仔褲的愛用者並沒有停留在青少年階段，而是隨著大家一起成長。街上看到穿牛仔褲的從小朋友到阿公阿嬤都有。很少有商品是如此老少皆宜，大小通吃的。

年興紡織（1451）是台灣牛仔褲大廠，牛仔布生產世界前六大，也替名牌代工。過去營運不錯，每年也配發穩定的股利，算是符合簡單易懂的好公司。2008 年金融風暴時，股價被大盤拖累只剩一股 8 元，每股配發 1.25 元，換算成利率約 15%。想當然耳，我繼續穿牛仔褲，我也開始當起牛仔褲公司的小股東了。

由於紡織大環境的改變還是競爭的緣故，年興去年營運開始下滑，第二季開始連續兩季變為虧損。這讓我開始懷疑，是好公司變壞了嗎？可能還要持續觀察一陣子，就算是留校察看吧。

同時發現有營運好很多，但股價差不多的公司，例如玉山金（2884）。於是更好的目標出現，我就開始賣出年興，一張換一張的轉成玉山金了。當然還是留有少數幾張的年興，做後續追蹤，看它未來營運的表現再做定奪。

沒有趙鐵頭的中鋼

1970 年代，十大建設帶動了台灣的經濟起飛，也順利度過了第一次石油危機。

中鋼（2002）應該是其中最具代表性的成功案例，創辦人趙耀東先生建立的中鋼文化至今仍讓大家津津樂道。

由於中鋼的經營績效良好，又有引以自豪的中鋼文化，使其在民營化之後，成為海內外長期投資的最佳選擇之一。還有每年的股東紀念品也有特殊的吸引力，聽說有人是為了紀念品而買中鋼的股票，令聞者嘖嘖稱奇。

我兒子大學時就讀中央大學，在中壢冬天冷冽的強風陰雨考驗下，只有他帶去的中鋼傘經得起折騰，別的同學的傘大多開花了。中鋼的小股東每年都要高興兩次，一次是領紀念品，一次是股利入帳。

拜網路之賜，最近找到好多以前小學和中學的同窗。過程之精采，猶如偵探在辦案。以前在一起上課時，我們都還是小孩。現在都是花甲之年，完全無法靠照片相認。先是名字熟悉，在探問以前在哪就學。上課班級和任課老師也是重要的線索之一。更好笑的是，同學會見面時互不認識，因為心中的那個小男生小女生的印象和面對的大媽大叔完全不搭軋。

過年前，居然連絡上以前小學一年級同班的同學，我小學四年級轉學後就沒碰面過，其中一位男生剛從中鋼退休。在早年校園往事糗事繞過一圈後，問到同學的退休生活，擁有數百張，甚至上千張的中鋼股票應該高枕無憂吧？沒想到同學說他剛把中鋼全部賣掉了，換到玉山金等其他公司。

我同學當兵退伍後，沒多久就進入中鋼，一直到屆齡退休。將近四十年的光陰，隨著中鋼從無到有，從成長到茁壯，也隨它邁入中年危機。同學賣出的理由是認為中鋼在走下坡。

自從阿扁總統任命第一位非中鋼出身的林文淵擔任董事長，在傳統中鋼文化中注入了政治細胞，專業不再是唯一的考量了。所以我同學在退休後，雖然語帶遺憾和不捨，但也沒太多遲疑就把手邊的中鋼全數出清了。

回家後，馬上上網查詢中鋼這幾年的表現，發現成績平平且 2019 年最差。

中鋼這家傳統績優的公司是一時遇到亂流，還是會翻轉向上？抑或是已經被政治干擾，不再是當年引以為傲的趙鐵頭的中鋼了？我還在持續追蹤觀察。

宏碁還能再起飛嗎？

第一次聽到宏碁（2353）的股票時，那時還沒有開始種咖啡樹存股。以前在美國一起讀書的同學，她拿到MBA 後，在台北美林證券任職。某次閒聊時，她提到宏碁，當時宏碁是從百元跌到剩下 11 元。

我那時的問題是，都跌成這樣還能買嗎？她的回答是，宏碁的淨值還有 14 元，今天買了，就算是第二天公司破產，都還有 3 元的差價。再說宏碁公司的體質還不錯，應該有機會重新站起來。同學的話一直記在腦海，有在注意宏碁的後續發展，但沒有行動。一段時間後，股價回到百元，那是宏碁第一次浴火重生。

我雖然沒有買股票，但是同學讓我認識了淨值，也算是沒有空手而歸。讓我在日後選股時多了一項參考的指標。在日後買進裕隆和中華車時，除了看業績，也是發現這兩家的淨值都逐年增加，但是股價一直在低檔，而且遠低於淨值。

當宏碁第二次出現危機，創辦人施振榮再次復出，試圖領導公司回到正常的營運軌道上。這次我沒有再做一個旁觀者，我買了宏碁的股票來表達支持。

在我心中，宏碁仍是一家好公司，值得給它第二次機會。雖然目前宏碁的股價仍在低檔徘徊，我還是保持原有的持股，只是沒再增加。心中仍是熱烈期盼宏碁能重拾過去的榮光，再度振翅高飛！

失之交臂的股票

台股有上千家公司，其中不乏好公司，也有出現好價錢的時候。可惜的是，當時不是有眼不識泰山，就是操作失誤或是只有心動沒有行動。反正就是沒有買到或是去買，而眼睜睜地空手證明自己當初的眼光還不錯而已。

巨大（9921）是腳踏車名牌捷安特的生產公司。早年是專門替歐美名牌代工，靠著低廉的勞力賺辛苦的加工利潤。中國改革開放後，原來下單的美商自行去大陸設廠，逼得巨大走上自創品牌之路。沒想到環保意識抬頭，再加上運動風氣的興起，讓自行車從簡單的交通工具蛻變成時尚的休閒運動器材。

當年，我注意到這潮流轉變，而意識到巨大的未來很有希望。那時，巨大的股價在40元。不知為何，心中莫名地冒出一個價錢38元，我堅持要等到這個價錢才要買巨大。遺憾的是，我理想中價錢沒有成交。從那時起，我就看著巨大慢慢地成長，只能在一旁替捷安特鼓掌，卻沒有任何成就感。

後來，巨大讓我學到的教訓是，若想要買進一家公司長期持有，就不要妄想一定要買到最低點，而在乎那幾毛，甚至一、兩塊錢。那是賺差價和跑短線的心態，不是存股種樹該有的做法。現在，我都是用現價買進，雖然我常常買得有些貴，但是不會空手而回。

有一次建教合作的評鑑，系上另一位教授和我來到位於彰化市郊的順德（2351）。在聽簡報時得知，以前讀書時用來削鉛筆的超級小刀就是順德生產的。頓時一股美好的童年回憶湧上心頭，對這家公司產生了莫名的親切感。

順德算是從一家黑手小鐵工廠起家，參訪的當時就已經轉型自創 SDI 品牌，生產辦公室文具，在業界頗具知名度。順德這家公司仍不滿足於現況，再由傳統黑手產業轉為替高科技電子業生產精密的導線架。

我去參觀時，整個生產製造區乾淨到完全不像是傳統的機械工廠。於是我就開始注意順德，那時它的股價是二十出頭。

沒過多久，洪瑞泰的巴菲特班召開同學會，起初出席的同學在十位上下，還沒有後期要租大禮堂的盛況。在聚會中和同學介紹順德和下一段提到的中聯資（9930），這兩家公司都是我認為具有好學生的資格，建議大家可以放到口袋名單裡。那次同學聚會在愉快的氣氛下告一段落，順德就一直放在我的口袋裡，每次看到就是一聲嘆息，無緣啊！

整個世界在驚心動魄的情況下，過了千禧年，來到了 21 世紀。許多年輕的讀者可能都不知道，當時以為 2000 年的元旦會天下大亂，因為有所謂的千禧蟲會讓電腦沒有辦法運作。結果當然是天下太平，日子繼續。

從那次事件發現，無知會造成很大的問題。現在回想過去碰到的問題，有多少是無知造成的？在寫書的當下，我們正在面對新冠肺炎的襲擊。

回到千禧年，高雄中山大學吳英明教授號召一批關心市政的產官學朋友成立了高雄 21 協會。我在學校同事介紹下也入會，並被選入理事，定期開會。其中有段時間是黃俊英教授擔任理事主席，讓我有機會認識這位令人尊敬與懷念的學者。

中聯資的金副總也是理監事成員之一，於是理所當然的讓大家知道中聯資這家公司是在做什麼的。簡單說中聯資是中鋼的子公司之一，專門處理生產鋼鐵時產生的廢棄物，並將之轉成有用的產品，有化腐朽為神奇的功能。

會後上網查過資料，也有向親朋好友推薦，但自己卻沒有行動。唯一的辯解是，我那時的注意力集中在中鋼另一家子公司中碳（1723），我的平均成本不到 40 元。後來中碳的股價高了，我沒有再加碼。但股價也沒有太貴，手邊就一直是那 7 張，每年收股利。

台積電（2330）和聯電（2303）是當年晶圓雙雄，張忠謀和曹興誠兩人之間的瑜亮情結也一直為人所津津樂道。多年的競爭下來，曹董早就歸隱山林，張董也在前些時交出指揮棒了。如今台積電執晶圓代工的牛耳，穩居世界龍頭寶座。

聯電則相形失色，雖仍然獲利，早已失去角逐冠軍的位置了。台積電的股價曾經跌到三十多元，聯電那時是不到 20 元。當時心想老大比較貴，還是買老二比較實惠。因此就與台積電擦肩而過。現在聯電仍在我的莊園裡，也每年有差強人意的收成。沒有賠錢，但看到台積電一飛衝天的漲勢，還是令人扼腕。台積電 2019 年配了現金股利 9.5 元，合理價是 180 元，現在約 300 元不算是便宜。最近想買到台積電，可能要靠新冠肺炎了。（見圖表 4-2）

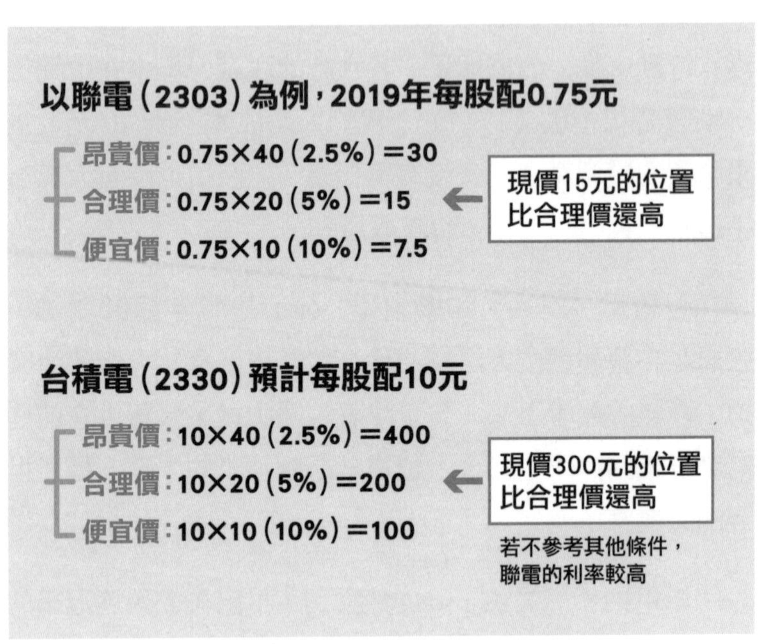

圖表 4-2　聯電與台積電的昂貴價、合理價、便宜價

少，但是更好！

《少，但是更好！》（*Essentialism*）一書中建議的「精、準、簡」三原則，也是我整理咖啡莊園的要採用的原則。

現在我的莊園裡一共有 25 檔股票，有的是一開始就有的，也有陸續因為各種情況而增加的。各家公司的股價雖然受到整體經濟和國際國內股市的影響而有所波動，也深受自家公司營運優劣的直接影響。在這些影響因素下，我增加的持股並不是平均分配在各家公司。

慢慢地，超過百張的有 3 家，另有四家有 50 張上下。在定期檢視下，發現我的持股也反映了 80/20 法則*，每家公司的貢獻度不盡相同。因此，我可能將我的 25 檔減

* 約僅有 20% 的變因操縱著 80% 的局面。

到 20 檔以下，甚至更少，以達到用更少的時間來換取更多的收成。

在減少的同時，也要隨時注意是否還有更好的投資標的，讓我的選股更加精準。要能做到這一點，平常需要注意經濟走勢、產業的發展，當然最重要的是那一家公司是否真的符合好公司的條件。

例如，2020 年農曆過年期間雖然受到疫情的影響，還是不能免俗地與家人外出用餐。去了兩家不同品牌的王品餐廳，仍需要事先訂位，而且高朋滿座，沒有想像中的蕭條。最近，開始注意王品（2727）的營運與股價，看看王品是否又回到好公司的行列，而股價也來到合理價位，甚至更低。

其實這個過程就如同真正的農莊，有的果樹得病了需要砍除，有的枝葉需要整理修剪，好品種的需要引進，而產量佳的可以多栽種一些。道理是一樣的。

以我的金融股來進一步說明。我持有國泰金（2882）、永豐金（2890）和玉山金（2884）等三家金控的股票。國泰金是原有的世華銀行被併購換來的，永豐金是因為華信金控的緣故。只有玉山金是我自己挑選的。由於政治的干擾，讓我對公股金控敬而遠之。看到慶富獵雷艦弊案*就可略知一二。

幾年來，與玉山金相比較，國泰金和永豐金顯得較為遜色。所以修剪了一些國泰金的枝葉，永豐金基本上是維持觀察。看好的玉山金則是大量栽種，現在超過 200 張，成本約在 10 元上下。於是，我的金融股就漸漸集中在玉山金這一家公司。令人欣慰的是，玉山金近年來的表現也沒有讓我失望，它的業績仍在逐年成長，持續被看好。

將自己的投資簡單化，除了方法，值得一提的就是稅務了，目前政府好像不鼓勵像我們這樣的長期投資人，不敢徵收證券所得稅，還鼓勵作短與當沖。

對長期持有的存股族則先是將可扣繳稅率減半，將牛多剝半層皮，再針對每年的股利再加收 2％的補充健保費。

---

* 2014 年，慶富造船公司擊敗台灣國際造船，以約 352 億元標得海軍獵雷艦標案，；但於 2017 年因無法按期償還貸款而爆發嚴重財務問題，並被查出有詐貸，遭到以第一商業銀行為首的公營銀行團宣告違約，造成聯貸銀行團 130 億餘元損失。

種種措施讓人覺得對長期投資人不太友善，於是有些人為了規避補充健保費而降低持股或不參加除息，因而將原本該遵守的投資紀律與原則破壞了。會不會因小失大，我不敢確定。但是，比較頻繁的買賣總是會將原本簡單的投資變得複雜化。

我的做法是，仍然照著既定的買賣原則，按部就班。做為一個好國民，該繳的稅就按時繳納。我們有世界前段班的健保制度，雖然還有進步的空間，但我也被扣得甘之若飴。

繳所得稅時，我希望能繳到更高的級距，那代表我的所得增加了。我也不會為了省那 2%的補充健保費，而放棄去領那 98%的股利。

常常在想，中樂透頭獎的幸運兒會為了要被扣那 20%的稅而放棄領獎嗎？這也許是我鴕鳥式的自我嘲解，不過我還真的是這樣想的。

當然節稅是納稅人的權利，我也不輕易放棄我的權益。捐款做公益就是個人節稅的方法之一。

除了不願意多繳錢讓政府蓋蚊子館和建造大而無當的

面子工程，我也可以讓這為數不多的款項用在自己覺得更有需要的地方，將錢發揮更大的效果。也有一種操之在我的控制感，何樂不為。

總之，還是將投資變得比較簡單，讓生活變得更愉快才是真正的重點。

希望讀者已經對我的種樹原則有了基本的認識了。

為了加強印象，再用一個案例來說明。前些時和潤企業（6592）的股票上市辦理申購抽獎。因為上市前後的差價很大，被抽中的一般投資人如同中到大獎一般。

所以申購造成一股風潮，筆者當然也躬逢其盛。可惜的是，我周遭的親朋好友只有一位幸運兒，中籤率不到5％！

雖然和潤企業沒有抽中，但是想要成為和潤企業的股東還是唾手可得的。在集中市場買進即可，只是價格是否合理而已。

和潤企業以租賃為主，在上市公司還有中租 -KY（5871）和裕融（9941）算是經營型態類似的。若是以去年這三家公司的配股配息來看，中租 -KY 配現金 4.2 元，股票股利 0.3 元。不算股票股利，中租 -KY 的合理價是 84 元，便宜價是 42 元，超過 164 元就是昂貴價。

同樣道理，裕融的合理價在 110 元，便宜價是 55 元，漲過 220 元就是昂貴價。

而和潤的合理價是 62 元，跌到 31 原就是便宜價，昂貴價是 124 元。

在寫書的當下，中租 -KY 的股價是 91 元，裕融是 85.9 元，和潤則是 62.7 元。

假設其他條件不變的情況下，裕融的價位最低，比合理價錢還要便宜，其他兩家都比合理價略高一點。我若是資金有限，只能買一張的話，我很可能會選裕融。

另外有一點也要列入考量的是 2019 年的營收，和潤是三家中成長最多的，其他兩家都算是微幅成長。這也會影響到我們在買股票時的決定。

時間產生的複利效果更可觀

我的存股雖然說是依據巴菲特的原則，卻也不是一開始就是完全照章處理。好價錢也是經過感覺和摸索而漸漸有了量化的參考值。除了公司變壞了有賣出幾次的經驗，目前尚未碰過因為股價太貴而賣出的情況，雖然心中還是滿期待這情況的出現。

從去年開始試著運用更好的投資標的這個賣出原則，將表現不好的股票換成成績較優的。總持股數沒有太大變化，但希望能夠領到較多的股利。是否如願，靜待暑假過後分曉。

近年來，大數據和人工智慧快速的發展，對投資股票這領域也產生了巨大的影響。現在各大投資機構開始採用程式交易，買賣可能是在毫秒之間完成。真所謂差之毫里，失之千里。千年前的古人還真有智慧！

因此個人淺見，現在的各種利多利空消息，甚至是大隻的黑天鵝，都會在瞬間反應價格上，也就是市場消化這些訊息的時間應該要比以前快速許多。我們這些消息不那麼靈通的小投資人，若跟在後面追高殺低，結果可能不太樂觀。

學習巴菲特的長期投資原則來存股，買了之後就靜靜地等待，讓時間去產生複利效果應該會好些。當然碰到股市週年慶跳樓大拍賣時，還是要向國安基金那樣，逢低撿便宜。

統一一直是我看好的優質公司，其業績和獲利也是逐年在成長。十多年來，我可是陪著統一從 10 元一路上來的！去年配現金股利 2.5 元來算，統一的合理價會落在 50 元，和現在的股價 70 元相較，目前是稍微貴了一些。

有一天，我突然想到若是按照這樣的成長軌跡，統一的股價早晚會超過 85 元。現在雖然高了點，但還是有超過 10 元的差距！

有人也許會問，那要等多久？

我想也許是三、五年吧！

許多人的反應是，誰有耐心等那麼久？

時間是可能長了一些，但是別忘了每年都還有股利進帳。三年後，我的成本不是又降了至少七、八元嗎？（見圖表 4-3）

感覺自己的想法好像有些道理，於是在寫稿的這段期間我又多買了幾張統一來做實驗，看看自己的想法是否正確？當然期盼未來能有機會向各位讀者報告實驗結果。

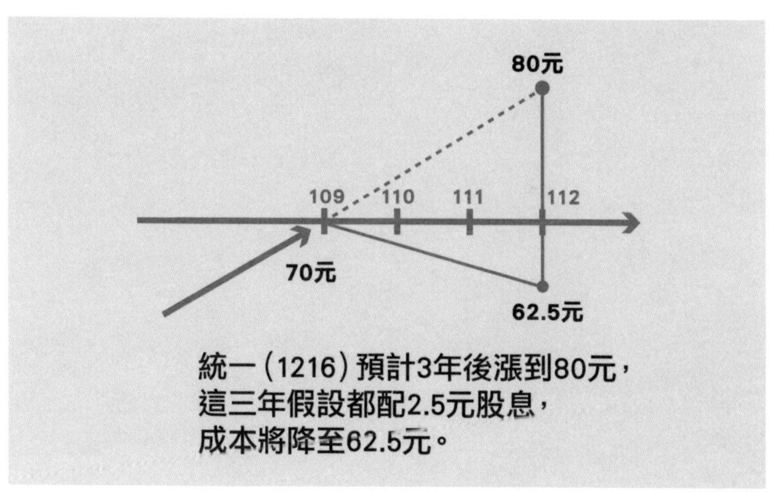

圖表 4-3　股利降低買進成本

第5章

打造存股體質的致富觀和好習慣

墨西哥漁夫的故事，真正是在說什麼？

有一則墨西哥漁夫的經典故事，不少理財書都有提到。我最早在商智文化出版的《錢與閒》（*Millionaire In You*）裡讀到這則故事，這本書最近由商業周刊重新出版，書名改為《賺錢，也賺幸福》。

在此不再重複故事細節，而是去思考我們可以從故事中學到什麼，因為沒有標準答案。

美國百萬富翁和墨西哥漁夫坐在一起，欣賞同樣的夕陽，呼吸海風送來的新鮮空氣。我們應該要像富翁一樣奮鬥多年之後在那度假，還是要像漁夫那樣一直安貧樂道的在那裡生活？

我的看法是，富翁比漁夫多了選擇的自由。富翁可以隨心所欲地去做許多不同的事，可以上山下海到不同地點休假。漁夫的生活就可能是一成不變了。沒有誰好誰不好，這是個選擇的問題。你若是不想每天過著同樣固定的生活，而且要撐許多年才能退休，那你就需要開始打理自己的財務，以提早獲得生活上選擇的自由。

這我認同的財務自由，也是首席分析師楊應超在他的新書《財務自由的人生》中所提到的 FIRE（Financial Independence Retire Earlier，財務自主，提早退休）。

個人認為理財的目的應該是早日獲得財務上的自由，不再為金錢煩惱。當你的被動收入大於或等於你的每月支出（見圖表 5-1），你不必辛苦工作也可以過生活了。不必再為五斗米折腰，你就獲得了選擇的自由。可以選擇自己喜歡的工作或是公司，甚至提早退休去追夢或圓夢。

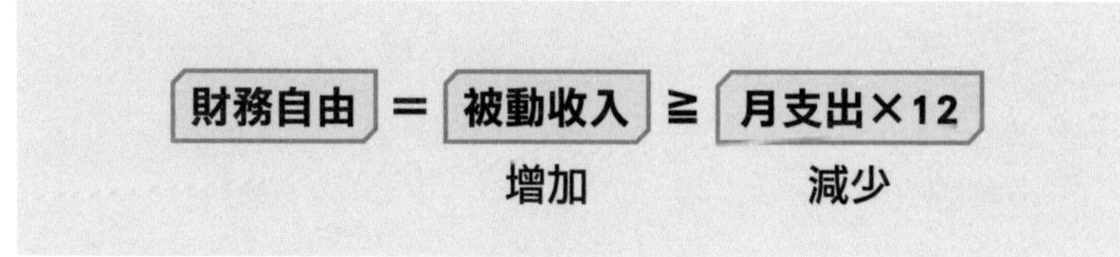

圖表 5-1　財務自由的計算公式

當你做自己喜歡做的事，那就不再是工作了。當不再為錢而工作時，那就是我最喜歡的退休的新定義。我們投資理財就是在追求這種自由，一個不受金錢控制，而是金錢替我們工作的生活。

有人問，那要有很多錢吧？其實不然。若是勤儉持家，從容度日，降低每月的基本支出，財務自由不難達到的。例如，每月支出約 50,000 元，存股資產約 1,000 萬就幾乎可以達陣，以目前存股的獲利率 5%～ 6%來估算，不是很困難。

所以，大家應該要先確認目標，以免誤入歧途且浪費了寶貴的時間。我們真正的目標是獲得選擇的自由，財務上的累積只是協助我們達成目標的工具而已。千萬別陷入追逐金錢的陷阱，也許你贏了金錢遊戲，但你失去了寶貴的人生。慎思！

理財的目的是，早日獲得財務自由

有句老話說：「若沒有目標，去哪裡都一樣。」也可以進一步說：「若是目標不對，再多努力都是枉然。」投資理財亦是如此。

沒有認清投資理財的目的，會讓自己掉入困境。有人將投資理財視為一場與旁人競爭的金錢遊戲，大家在比較財富的累積。通常參與遊戲的絕大多數為輸家，因為人比人，氣死人。

也有人誤以為理財就是為了滿足無底的欲望，要賺更多的錢，而掉入賺錢與消費的旋渦中。賺錢是為了消費，而為了更多的消費必須要賺更多的金錢。這種人沒多久就變成了金錢的奴隸，再多錢也不能滿足。

在我們過去受的教育裡，很少碰觸到金錢和理財方面。大多數人的認知是，若要有錢，除了含著金湯匙或中樂透，努力工作、拚命賺錢好像是唯一的途徑。記得剛畢業回母校教書時，在老師的大辦公室裡，我的鄰座是一位英文老師，他個性非常好，也很喜歡哈拉，但他總是來去匆匆，沒有機會和他好好聊天。

有一次因為月考監考，讓我有機會問他為何總是神龍見首不見尾。他小聲地告訴我，他在外面還有兼課，連學校的課加起來每週 72 小時。天！拚經濟需要這麼拚嗎？

他指著另外一位數學老師，84 小時！

那時，還沒有一例一休。

到美國讀書的第二個寒假，我回台北。某天，有機會回學校探望那些老師，英文老師看到我激動地告訴我，他現在的課少很多了。我離開台北的第二個暑假，台北市南陽街有老師過世，可能是過勞。消息傳來讓許多名師心生警惕而減授鐘點，開始注意自己的養生和保健了。

傳統的賺錢觀念就是所謂的增加主動收入，不外乎就是多找一份工作、加長工作時間。但每天就只有 24 小時，扣掉休息時間所剩的有限。犧牲睡眠與家人相處的寶貴光險去換取財務上的報酬，畢竟不是長久之計。

也有人建議可以增加個人價值，提高自己每小時的報酬。這除了要努力學習和花時間去累積經驗才有機會，而且要獲得市場認同才行。否則我可以將我的演講鐘點費定為每小時 20,000 元，但結局是有行無市，沒有任何邀約。

1985 年，我回國時，公家單位給的演講費是一小時 1,600 元。早期還將演講費當成執行業務所得，與稿費相同有一定的免稅額。三十年過去了，還是每小時 1,600 元，唯一變的是放進個人所得裡，沒有免稅額了。最近，演講費提高到 2,000 元了。結論是，對絕大多數人而言，要靠主動收入來獲得財務自由難度非常高，無疑是緣木求魚。

因此，若能增加被動收入，讓錢滾錢，是我們另外一個選項。讓錢替我們工作，而不是我們在替錢賣命。

存款領利息和民間互助會，算是最傳統的被動收入。遺憾的是，最近存款的利率低到幾乎忘了它的存在。民間互助會倒會時有耳聞，連校園裡也常有同事倒會被扣薪水。利率過低和風險太高，都不是理想的被動收入。

在選擇和時間有限的情況下，能找到好公司，讓一流的人才來替我們賺錢，我們每年都能夠有穩定的被動收入，同時能與公司一起成長，應該算是目前比較穩當的投資理財方法。

別太常犒賞自己，先存錢給未來的自己

小學時，我們都讀過螞蟻和蚱蜢的寓言故事。炎炎的夏日，小蚱蜢在外晒著陽光，高興地享受牠的暑假，小螞蟻卻在烈日下辛苦的工作。

小螞蟻的努力引起了小蚱蜢的好奇：「天氣這麼好，你為何不放假，仍在努力不懈？」

小螞蟻回：「我在為這個冬天做準備。」

在小蚱蜢的眼中，冬天還遠在天邊，應該把握當下，及時行樂才對。小蚱蜢的下場，是因為牠準備不足，而熬不過嚴冬。這則故事是大家耳熟能詳，但我們得到了什麼啟發？

很多人都未曾想過，退休後的生活就是我們人生的冬天。年輕的我們如果就像夏日裡快樂的蚱蜢，盡情地享受青春。那老去的冬天就有可能也是小蚱蜢所面對的寒冬，還是我們應該效法小螞蟻，在年輕時努力工作，並打理財務為自己的冬天做準備。年輕時存下來的錢，其實就是替未來白髮得自己準備的。

現在，我們生活在一個過度刺激消費和相關資訊氾濫的時代。

一年的情人節就有三個：西洋情人節、白色情人節、七夕情人節。有情人或已婚人士每年都被鼓勵要慶祝三次，以表示愛意。沒有情人的也沒被放過，11 月 11 日光棍節幾乎成了網路購物節。美國黑色星期五的瘋狂購物也被好市多帶進寶島，若再加上感恩節、耶誕節和新年等節慶，幾乎每個月都有各種名目的促銷活動。

幾乎所有的資訊都在鼓勵著我們要多消費，三不五時的要犒賞自己，給自己的辛苦加油打氣。於是，我們的經濟繁榮了，百業昌旺。遺憾的是，一時的快樂卻讓我們辛苦掙來的鈔票進到別人的口袋裡。當然，我也不是在鼓勵大家都一毛不拔，那樣對大環境也不利，會造成惡性循環。只是大家應該養成適度消費和固定儲蓄的習慣，先付錢給自己，將享受延後而已。

小時候，街上腳踏車最多，若看到轎車，不是很大的官坐在後座，就是老美開的車。現在街上滿街都是車，隨處都有雙B映入眼簾。不同的是，開車的變成了鄉親，反而騎自行車的老外不在少數。如果哪天有機會，應該做個調查：在路上開雙B的人有多少是符合財務自由的定義？

沒含金湯匙，沒意外財，致富靠儲蓄習慣

我有今天的成果，肯定有人會懷疑，我一定是先有一大筆資金才做得到。然而，我一直在教書，也只是靠著老師的薪水養家、過日子和付貸款。沒有含著金湯匙，也沒有天上掉下來的意外之財。

現在回想起來，唯一靠的就是一個好習慣：儲蓄。

不知從何時開始，至少在讀大學領公費開始，就沒向家裡固定拿錢。暑假期間也都在打工。大一暑假賺的錢和原有的儲蓄買了一台德國 Dual 黑膠唱盤，約 10,000 元，至少是兩個月的打工薪資！

1981 年暑假，在教了兩年高中後，赴美讀碩士。帶著 5,000 美元踏上生平第一次搭的華航，就在遠東苗栗空

難的第二天。心中緊張、興奮又茫然地離開桃園機場，飛向一個陌生的國度。四年後，經過青輔會和教育部擴大延攬海外學人方案的安排，回到母校任教。

那時又帶著同樣的心情從美國返回家園，不同的是身上有一張 13,000 美元支票。四年的留學生活有打工和獎學金，在比較不亂花錢的情況下，居然還能存些錢，心中有點驕傲。而存錢的習慣也一直保持到現在。

多年後，在學習理財的過程中，悟出了千金難買早知道的道理。我在美國求學的那一年，當時的定存利率是 18%。可惜那時沒認識到名叫「複利」的先生，沒有將帶去的美元存定存，不然可以領到許多利息。

另一個遺憾是，沒有認識股神巴菲特。若在回國時，將我的 13,000 美元支票換成波克夏的股票長抱至今，什麼理財的事都不必做，我就已經是擁有至少百萬美元的好野人了。不過，若是那樣，現在也就沒那麼多精采的故事與大家分享了。

存錢趁年輕，複利更有效果

2014 年初，大姨子的兒子剛退伍，正在找工作。初入社會的小夥子，八字還沒有一撇時，就先貸款買了一台很炫的機車，又花了上萬元換裝了一個很搭的置物箱。沒錯，真的是很令人心動的一台新車！尤其是對剛要入社會的年輕人。但問題是，第一份薪水都還沒有領到手就已經欠債。這不是正確的理財習慣和應有的觀念。

好為人師的我，請外甥吃早午餐，順便和他溝通一些對個人財務的想法。孺子可教，他還很接受我的說法，認同應該趁年輕就開始存錢，打理屬於他自己的夢想莊園。

隨後我們就去元大開戶，存簿和印章由他自己保管，並授權我也可以代為買賣。同時約定至少 3 年內只能存錢，領到的股利也要再投入，如此才能看到存股的初步成果，被激勵的他才會更有信心繼續下去，讓時間產生複利的效果。

四萬多元開的帳戶，於 5 月 13 日買進了他的第一張股票：統一（1216），開始了他的存股之旅。我外甥很聽話，不再亂花錢。養成儲蓄的習慣後，一有閒錢就去存錢。等時機恰當時，我再將其換成股票。時間其實過得還真快！

在寫這本書時才赫然發現，已經快 6 年了。目前他的股票淨值約 1,655,255 元，前後總共存入的本金是 1,168,000 元，未實現盈餘約 50 萬元。成績還好嗎？至少我們兩人覺得還不錯。他也曾後悔當初不該先貸款買新車，應該買一台堪用的二手車來代步就好，將多餘的錢可以存幾張好股票。

別嫌賺錢太慢

退伍後，外甥就跟著他冷凍空調的師傅邊做邊學。他還很有興趣，所以技術進步很多。四年前家裡的冷氣故障，基於肥水不落外人田的原則，理所當然是請自家人來換新的，順便保養其他還堪用的。

因此，我認識了外甥的師傅，也是他老闆。他是一個很古意的人，讓人留下不錯的印象。後來有次和外甥聊天，他提到他老闆暑假三個月做了白工，賺來的錢全賠進股市中。天啊！暑假可是做冷氣的旺季。三個月下來，應該賠了不少吧？

基於與他老闆曾有幾面之緣，也不忍看到有人在股市中慘賠。於是請外甥轉告，如果不嫌棄的話，我願意和他花兩、三個小時分享我的投資方法。不保證能很快的賺大錢，但至少可以穩穩地領股利，也不會血本無歸。

一陣子後，再問外甥，他老闆是否願意聽我分享。外甥回話說，他老闆心領了，但他嫌我的方法賺錢太慢，他沒有興趣。

我聽了之後有些詫異：賠了那麼多的錢，為什麼還是不願意穩穩地製造被動收入，每年收成一次？反而將買股票當成玩樂透，只想著迅速致富。

但是，聽說要中樂透頭獎的機率會比被雷擊中的機率還要小。同理，在股市中要靠玩短線或當沖能賺大錢的，也應該是屈指可數吧！

意外之財如何處理？

破產的不一定是窮困的人，許多財務出狀況的反而是高所得的族群。

歐美職業運動員裡，許多是坐領高薪，而且高到一般人無法想像。美國華裔網球名將張德培有一年參加職業網球年中大滿貫賽獲得亞軍，獎金是冠軍的一半。他在場上每揮一拍價值超過 10,000 萬美元。每一位頂尖的職業選手都像是一座金礦，日進斗金。

但許多明星在退休後，因為財務管理失當，如流星一般地墜落，有的甚至將獎牌拿去典當。還有根據統計資料，許多樂透獎得主，中獎三年內破產的超過七成。所以，我們在個人財務管理上，節流可能要遠比開源來得重要。

我會利用課堂上的一小段時間，和同學討論理財的主題。我會問同學一個問題：「當你突然獲得一筆為數不小的意外之財時，如中了樂透，你會如何處理？」

許多人面對金錢時會有不同的反應。辛苦掙來的錢會捨不得花，對意外之財則會特別大方，不管是對自己或是請別人。我們大多數人每年初都會領到一筆年終獎金，許多人都將其視之為意外之財。

同時，商家的廣告也推波助瀾地灌輸大家，你們辛苦了一年，應該要好好慰勞自己的觀念。慫恿領到年終的人應該吃大餐、換新車、旅遊度假等，就是沒人想到應該把錢存起來，以後再消費。

我們生活在一個商業掛帥的社會，是需要大量的消費來刺激經濟。但我們同時面對一個壽命更長的新時代，一般人從退休後到告別這個世界，要比我們上一代至少多十年的時間。當我們的壽命更長，口袋的深度也要跟著配合，否則晚景堪慮。

再加上少子化，養兒防老的觀念也逐漸消失。因此，個人財務狀況變得更加值得關注。至少我們應該將意外之財和辛苦掙來的、努力存下來的錢一視同仁。不應有任何差別待遇，該省則省，要保持一貫的紀律，才能早日達到財務自由。

當然，每次達成階段性的理財目標時，給自己一點適時的獎勵是無可厚非的。只要不破壞原先的目標，給自己生活添加一點樂趣，那絕對是值得鼓勵的。

做一個被討厭的人

坊間有一本暢銷書：《被討厭的勇氣》，主要論點是現代人應該要有獨立思考的能力，不要人云亦云，跟著大家盲目地追流行。當然一般日常生活中不能免俗地會跟流行。流行短髮時，你卻偏要長髮披肩，顯得特立獨行。只要是不傷風敗俗，從不從眾其實都無傷大雅。

但有些情況卻不然，像當年類似鴻源*的投資公司在吸金時，多少人捧著現金去湊熱鬧，完全沒有想到非常高的報酬背後，難道沒有風險存在嗎？現在事後再去回想，當時若是多一層的思考，公司要經營什麼內容和要如何營運，才能配發那麼多的紅利出來？

你要它的利，它卻吞你的本。那時不知坑殺了多少投資人，其中不少退休人士。留下來的只有一句：多麼痛的領悟！

沒想到幾年後，在舊金山又有類似的騙局上了新聞，被騙的多是兩岸三地的華人。在電視新聞報導中，還看到公司豪華大門上的對聯，右批：「誠誠實實做生意賺錢」，左批是：「絕不讓鴻源重演」。有人聽說是看到對聯就掏錢，完全沒有研究公司到底在做什麼。

千禧年前，科技股狂飆，只要公司名字掛上「.com」，股價就飆升，也不管這家公司在做什麼。那時，巴菲特沒有碰這些科技股，而被其他投資人嘲笑跟不上時代。他老人家的解釋是，他不懂這個產業，所以他不碰。

投資時，應該嚴守的紀律是，投資你了解的好公司。任何道聽塗說的消息都要經過思考和過濾，千萬不要因為旁邊的人都有買，所以我也要不落人後，以為人多不會出事。歷史證明，該出事的，早晚都會出事的。培養思辨能力，是要在闖蕩股海的重要基本功夫！

＊ 鴻源案是台灣經濟史上最大型的集團型經濟犯罪。

製造被動收入

1980 年代股市狂飆時，我沒有跟著進去湊熱鬧。現在回想起來，其中一個重要原因是當時根本沒有時間盯盤，自己要教課，不可能讓學生自習，跑去聽廣播。另一個原因是好奇心，對股票穩賺不賠的說法，心中總是抱持著懷疑。

記得有次搭火車時，隔壁坐著一位年輕的女生，拿著尺和筆在紙上畫。我瞄了一下，她是在股票走勢圖上畫著幾條線。當時我心中有個疑問，如果這樣可以預測股價，那用這方法的投資人應該是非富即貴。怎麼還會有那麼多人賠錢呢？

書中曾有人寫道，技術分析像是看著後視鏡，向前開車。《漫步華爾街》（*A Random Walk Down Wall Street*）的作者也曾用電腦模擬 20 世紀 90 年的美國股市，價值投資和技術分析這兩種方法投資股市。他得到的結論是，兩者的績效並無顯著差異。

針對技術分析，其操作進出頻繁。除了需要投入比較多的時間和心力，頻繁的買賣也增加了交易成本。也有人算過，一年進出超過 18 次，其交易成本就可能將獲利侵蝕掉。

相對於技術分析，巴菲特的價值投資方法簡單易懂，不用花太多的時間和心力去關注自己的投資組合，卻又能得到不錯的被動收入。當我接觸了巴菲特的投資方法後，再也不關注任何技術分析的相關資訊了，因為只要用簡單省時的方法就能每年獲得不錯的股利。

這裡要特別申明，技術分析不是一無是處，也有許多人靠它致富，但也有不少人是落在賠錢的那一方。

接收到訊息都是真的嗎？

我們現在生活在一個知識和資訊爆炸的時代，每天經由網際網路和智慧手機傳來了各式各樣的訊息。這些排山倒海灌過來的有真實的消息，也有前後矛盾的報導。有被包裝過的置入式行銷，片段的訊息也會混在其中。

最可惡的是，會造成誤導的假新聞或訊息。當我們面對這麼多樣的訊息，我們要如何根據它們來做出正確的抉擇，好像變成了難如登天的不可能的任務了。

別太相信專家

1986 年，哈雷彗星再度來訪，當時造成轟動。先是報紙有報導，哈雷彗星會拖著長長的尾巴，像是一支有好幾個月亮加起來的日光燈管般地出現在晚上天際。

那時，我弟弟還在台北，說要去南部墾丁觀星。老媽還說：「急什麼？這次看不到，等下次嘛。」

下次？76 年後，還在這世上嗎？結果系上幾位同事和我擠上一部小速利，殺到墾丁都快半夜了。雖然落山風吹得像颱風一樣猛烈，但路旁兩邊都是人，而且是一小群一小群的，有點像是傳統夜市。擠過去才發現，每一組人中間都有放著一座天文望遠鏡，也會有一位像專家的人向圍觀的解說天上星星與哈雷將出現的位置。

逛了一陣之後，發現懂得天文的專家還真不少，感到自己所知無幾而有些愧顏。但為什麼每座望遠鏡擺的角度都不同？東南西北都有。結果天上雲霧太濃，什麼也沒看到，敗興而歸。之後的報導也說沒有專家預測的那麼壯觀，只像是掛在天際上的一粒小棉花球。下次哈雷再來時，有誰還看得到？

其實，每次碰到重大事件，都有一些專家跳出來。平時也三不五時地從網路上收到一些專家的建言。

多年前收到一封電子郵件，也是包裝成很專業的格式。主要內容是說，當大樓公寓失火時，應該躲到浴室裡。因為浴室地上有排水口，可以提供空氣暫時避難。讀完後，直覺上覺得好像有問題。那時正值暑假，在高雄保五總隊替警消同仁上課。於是，我就利用課堂時間提出我的疑問，得到答案是，千萬不要躲到廁所裡。

怎麼會有人在網路上傳的這種會害死人的假消息呢？多年來好像也無法可管，至今還是假新聞和假報導滿天飛。那我們一般閱聽人就真的要戴著過濾器來吸收資訊，見到所謂的專家也要提高警覺，否則怎麼死的都不知道。

當股市大跌時，我們最常看到報導是：「股市大跌百點，市值蒸發百億，全民平均每人損失 20 萬元。」

所有股民真的都有損失嗎？如果你沒有賣出任何一張股票，你只是帳面上的資產減少而已，你擁有的股票張數是不變的。當股市回穩後開始上漲，你被蒸發的資產又神奇的回來了。只有在下跌當下殺出股票的投資人，股票換成鈔票時，資產才會真正減少。

在股市中，殺低追高的股民不在少數。若是跟著這種新聞買賣股票，還真的來回幾次就可能被蒸發了。

別讓片段訊息誤了判斷

2019 年，台股配發的股利約新台幣 1.3 兆元，其中台積電（2330）的股利約新台幣 2,463 億元。闕又上在他的新書《為什麼你的退休金只有別人的一半》中提到，外資擁有 80％的台積電，也就是台積電每年辛苦賺來的錢，絕大部分孝敬了外資。

新冠肺炎所造成的股災，國安基金在眾多股民的期盼中出手救股市。

有雜誌報導，國安基金護盤竟淪為外資超級提款機。

但按照闕又上的說法，我們應該逢低將我們這些好公司買回來才是。

然而，回頭看看謝老闆的說法好像不該讓外資殺出，但台股不是一個開放的市場嗎？更何況國家政策就是吸引外資，並要求一定要將匯進來的錢導入股市。

如果台股不是一個很好的投資標的，外資會來投資嗎？外資來台灣就是為了賺錢，又不是來做公益，難道不能獲利了結嗎？說真的，肥水不落外人田，那 1.3 兆元我們自家人分了那有多好！

當把所有關於外資的報導兜在一起，將發現其中的矛盾。外資像是股市的明燈，然後又成了現代的八國聯軍，燒殺擄虐後，捲款落跑。那我們一般投資人該如何是好？

我的做法是，瞪大眼睛過濾各種資訊，試著檢視其中是否存在著前後矛盾，並辨別消息的真偽。以前人只要看報，聽廣播就可以過日子了。現代人就沒有那麼輕鬆了，否則被蒙蔽的機會層出不窮。

多聊幾句，買進好公司

許多人習慣坐在家裡等機會，卻不知道真正的好運是，要靠自己積極地走出舒適圈，去尋找的。

大學時代有同學迷瓊瑤的小說，曾經湊熱鬧翻閱了幾頁。書中的男主角困在家中，天天埋怨自己懷才不遇，而不願自己跨出邁向成功的第一步。清楚記得女主角的回應：「諾貝爾獎不會蹲在屋頂上，哪天坐不住了，掉在你的懷裡。」

《造訪幸運》（*How to Create Your Own Luck*）一書中提到，好運要自己開創。想要早日獲得財務自由，也是要靠自己，旁人最多是啦啦隊。

好多年前，有機會到長興材料（原長興化工）參訪，正事結束後，並未立即告辭，反而是找機會和陪同人員多聊幾句，因而得知長興（1717）是一家上市且持續獲利的好公司。陪同人員告訴我，當年配息一塊多，而股價約 14 ～ 15 元，但我並未立刻買進。

由於熟識學校化學系和物理系的同仁，他們的專業知識可以提供我更多的資訊，經過眾人的確認，長興是一家獲利穩定且注重研究發展的公司，值得在好價錢時擁有這家公司的股票。

於是，我就一張一張的逢低買進，開始存股，當長興的小股東。十多年來，長興化工從傳統化工原料轉型為提供電子業材料，更名為長興材料，我的庫存也成長超過 100 張，平均成本約 15 元。

真的，那天我只在長興總部多逗留了約半個小時。現在帳面未實現盈餘約 147 萬元，還沒算歷年配發的現金股利。只去了長興訪問一次，到現在每年都還在領出席費（股利）。這不是造訪好運，那是什麼？

常常盤點，但不用天天盯盤

存股的目的在於，用合理或便宜的價錢投資一家好公司。每年在暑假期間配得高於銀行定存的股利，不會貧於買賣賺差價。

對我而言，不需要天天守著股票的瞬間漲跌。個人沒有買賣股票的最長紀錄是 2007 年 8 月到 2008 年 6 月，將近十個月，因為到美國北達科達大學（North Dakota State University）擔任交換教授。我周遭做短線的朋友卻是完全不同，若有長假，一定出清存股，怕放假的幾天裡有什麼風吹草動。

這沒有對錯，存股和賺差價可以說是兩種不同的遊戲規則或心態。最怕的是用賺差價的心態去存股，反之亦然。有同事想要存股，但早上一開盤股價下跌就打電話來問是否要賣。我的甜美回籠覺就被打斷，令人哭笑不得。

用好價錢投資好公司是我的目的。好公司的營運不會一天就轉壞，壞公司也不會一天就變好。所以我不用每天掛在電腦前，像警衛般目不轉睛地盯著螢幕。

我會像平常逛超市那樣注意菜價，心中對菜價的高低就會產生一種感覺。當大白菜一顆要價 200 元，我不會買。太貴了！盛產期一顆十元，還買二送一。二話不說，我一定多買幾顆回家，炒開陽白菜。吃不完的醃起來，以後做酸菜白肉鍋。

按照巴菲特原則，對某公司我心中會有一個合理價格。當股價低於這個價格時，我就會考慮買進。保守的我通常是一張一張的買，希望能夠盡量降低持有的成本。至今仍是如此。

每隔一段時間，通常是每個月或每季營運報告出來時，我會上 Yahoo! 奇摩股市追蹤公司的表現。與前一年相比，若是公司財報顯示過去四季的營運獲利都有成長。我會保守的假設今年配發的股利應該不會比前一年少，而據此來決定在目前的價格是否還值得再加碼？

我持有的股票傳統產業比較多，會常常上街看景氣狀況。走進不同的 7-11，買幾顆茶葉蛋之餘順便問問生意如何。經過星巴克，會瞄一下店內的客人是否滿座，還是空空如也。

2020 年過完農曆春節，新冠肺炎肆虐，兒子要回上海上班前，去超市帶些補給品回去。諾大的家樂福居然買不到大包裝的統一肉燥麵，只剩下零星的兩、三包。在擔心兒子回去工作所面對的風險下，貨架上缺貨的泡麵又讓我的心情回復了一點。這應該是所謂的要投資商業大街，不要投資華爾街吧？逛街時多看看，多問問，應該是不會錯的。

若想要存股，就一定要學做一個理性的投資人。大多數的人喜歡跟隨潮流，比較不願意特立獨行。這也可能是傳統教育的結果。凡事都與別人唱反調當然會討人厭，但沒有自己的主見也容易被別人牽著鼻子走。

在股市中，絕大多數人是在賺差價，看著線型低買高賣。也有人花大錢加入股友社，跟著聽明牌。長久下來沒賺到錢，卻一心認為下一次會不一樣。將好好一個投資市場玩得像是賭場。所謂十賭九輸，有那麼多人賠錢也就不足為奇了。這些都算是非理性的投資人。

前文提到：「不要和你的股票談戀愛。」我會將這種投資人歸類為感性投資人，好像是某家公司的死忠粉絲一樣。我可以是棒球中華隊的球迷，隨著球隊的戰績歡呼和落淚。但投資一家公司不應該如此，公司的業績和展望好，我們可以參與投資，與公司一起成長。

當公司營運走下坡，或整個產業沒落，我們沒有必要和這家公司如鐵達尼號一樣永遠躺在大西洋的海底。理性的投資人會及早發現公司出了狀況，沒有必要一起演出殉情記。

理性投資人應該像一般的家庭主婦，常常去逛市場，知道菜價的起伏，應該買什麼菜。大白菜一顆 200 元時絕對買不下手，等到跌得一顆只剩 10 元時可能不只是買個三、四顆，多的可以醃成泡菜。某些貴婦常逛百貨公司，但多半只是看看而已。等到百貨公司週年慶時，才捲起袖子大肆採購。所以，理性的存股人應該是常常去逛逛股市，等股價落盡合理價位時才考慮買進。什麼時候是好時機呢？股災通常是股市的大拍賣。不信的話，2021 年暑假再回頭看是否正確！

金融股是我咖啡園裡的主要品種，我會定期追蹤各家的財報和新聞報導，來確保公司營運的狀況。《遠見》與《天下雜誌》每年的產業評比，它們的報導也是我重要的參考。每隔一些時候我都會到 Yahoo! 奇摩股市的個股公司，瀏覽基本資料裡追蹤公布的每一季獲利，在與前一年做比較。

變好或變壞都是關注的焦點，再與股價比較，做為未來是否增加持股的參考。至於財經台的評論和報導會看，但不會照章全收，而是記錄下來日後做比較，以建立參考的可信度。

另外，我也會翻閱過期的報章雜誌，從現在回頭看當時的預測是否正確，也是一種檢驗報導可信度的方式。就如同在過年無聊時。會把前一年底各大算命大師的預言拿來檢視。像是用照妖鏡一樣，原形畢露，無可遁形。

富人富仁，不要富而不仁

商智文化出版的《錢與閒》算是我早期的啟蒙書籍之一，我也常常反覆拿出來翻閱，並在課堂上與同學分享。作者勒巴夫寫到，關於金錢只有四件是要注意：

1. 如何賺錢
2. 如何存錢
3. 如何投資
4. 如何享受

我非常同意他的說法，但在課堂上我將第四點做了小小的修正。原文是用 enjoy 這個字，我試著用「使用」來替代原來翻譯的「享受」這個詞。

在中文裡，享受好像比較是在個人生活上。我傾向使用這詞是因為當我們獲得財富自由之後，不僅是改善自己的生活品質，獲得自由去追尋自己的夢想。但也不要忘了世上苦人多，我們應該正確地去使用金錢，讓金錢發揮最大的效用，而不是一味地享樂、炫富，甚至紙醉金迷。那不是我們的理財初衷！

我很喜歡看國家地理和探索頻道。實境節目《臥底天使》（*Undercover Angel*）深深地吸引我，即使是重播，我也不會轉台。這節目內容是敘述幾位富豪利用假扮的身分到貧窮落後的地區生活一週，利用這段時間去尋找需要幫助的地方，和找到值得託付的人，然後提出協助方案和資金去改善當地的環境。這其中有改善小孩的教育環境和成人的就業訓練，也有替非洲落後村莊建立乾淨的飲水設施等。

在我心中也是希望有一天能夠做類似的事，當然是不會上節目的。那是個比較大的夢想，一些比較小的已經行之有年了。像是在世界展望會固定認養國內外三個小朋友，以前有位台東和屏東的小朋友因為家庭環境改善而換成別的小學生。接到展望會的通知時，讓我感到欣慰。

海地曾經有一位小女生，但因為地震而失聯。被告知時，讓我心中難過了好一陣子。大學同學有主辦一個自閉兒工作坊，我們有每個月固定捐款，以及同學聚會時也會不定額的捐款。

記得幾年前同學嫁女兒，事先說好是不收禮的。但到現場後發現其他賓客都有包紅包，只有我們這兩桌好像是去吃霸王餐，讓臉皮薄的我坐立難安，堅持也要給禮金。一方拒收，另一方堅持要給，雙方堅持不下。當老班長的我建議，請家有喜事的同學將禮收下，在以他們的名義捐給同學的工作坊。結果獲得一致贊同，賓主盡歡！

另外，以前曾在學校兼任課外活動的行政工作，我們寒暑假都有出不同的服務團隊，到偏鄉和弱勢社區的學校服務，暑假還有一隊是去泰北帶小朋友做課輔和活動。學校經費有限，我就經由學校的基金會每年固定支援一些經費，表達支持的心意。

這幾年來，幾乎都能將我的莊園收成的十分之一拿出來做公益。每年的收成都有成長，我的捐款也跟著逐年上升，希望很快能達到 30 萬元，甚至更多的目標。

去年底，前往台北接受雜誌訪問，結束後漫步逛回台北車站。在過馬路等紅綠燈時，我向人行道上一位坐輪椅的朋友買了一小盒易口舒薄荷錠，他一直豎著大拇指向我表示謝意。我也很不好意思的向他回禮。我只用了 100 元，讓我回高雄一路上都有著好心情。有時，施比受更讓人快樂。真的！

當年，巴菲特宣布要將他絕大部分的資產（99%）捐出來做公益，同時捐出超過百億美金給比爾蓋茲基金會。新聞一出震驚了世界，也起了帶頭作用，許多富豪也跟進響應。我們累積財富不外是想要改善自己的生活。

當行有餘力時，也要關心周邊的其他比較辛苦的人們。獨樂樂，不如眾樂樂。幫助他人應該也算是提升自己的生活品質，因為你會覺得更快樂，生命更有意義。巴菲特教我如何理財，達到財務自由。

現在希望未來能學習他的樂善好施，好好讓金錢發揮最大的效用。

富能過三代嗎？

十多年前，時報出版的《下個富翁就是你》（*The Millionaire Next Door*），作者是湯瑪斯・史丹利（Thomas J. Stanley）和威廉・丹寇（William D. Danko），他們針對 10,000 名美國資產超過百萬以上的有錢人做研究，發現所謂的富翁和我們一般人的印象是不同的。

被研究的對象裡，很多人不是住在高級社區裡，也有很多人開的車不是名牌高級車。換句話說，許多身價不菲的人是過著一般普通人的生活。值得深思的是，一直保持低調平實的生活才是擁有財富的不二法門？

以前在台灣有部非常受歡迎的美國電視影集：《天才老爹》（*The Cosby Show*），男主角前些時陷入司法糾紛，不過這不是我要討論的重點。天才老爹的故事背景是位於美國康乃狄克州（State of Connecticut）的中產階級家庭，男女主人都有很好的工作與收入，住家也是在不錯的社區裡。有一天，他家小孩帶著同學回家玩，向同學炫耀：我家很有錢。不小心被他爸聽到，他爸立刻糾正他：「兒子，你爸很有錢，你媽也很有錢。但是，你沒有錢。」

這和我們傳統的價值觀很不相同。我們喜歡強調老一輩辛苦賺到的錢都是子女的，甚至有些人只留給兒子，嫁出去的女兒沒份。因此就會有一些晚輩天天在等老一輩的財產，一些爭家產的鄉土劇情會在現實生活中不斷地上演著。

所以，富不過三代好像是有錢人家的宿命，有的甚至是連兩代都過不了。為何會這樣？據研究結果顯示，白手起家的那一代有著賺錢和累積財富的能力，而下一代沒有繼承這種能力，卻只有花錢享受的能力。辛苦累積的財富絕對過不了三代的。

所以，當我們為了追求財務自由而養成的那些好習慣：如何存錢、如何投資及延遲享用等，一定要讓下一代從小就耳濡目染，像是基因一樣的傳遞下去。我們的下一代雖然生在一個不虞匱乏的環境裡，仍然保有良好的財務智商，那富不過三代的詛咒就不會實現的。

利率比定存高、門檻低、風險比外幣少

存股，就是將投資股票當成是在銀行定存。

一般大眾，尤其是婆婆媽媽喜歡定存，因為可以定期領到利息，期滿後還可以領回本金，幾乎沒有風險。但近幾年來，銀行利息不斷下降，有的國家的利息是零，甚至是負的。也就是說，你將錢存到銀行不但領不到利息，還要收保管費。

我們銀行的利率雖然還沒降到零，但也低到會被物價上漲吃掉。若是想要獲取更高的收益，其他的投資工具不是需要一大筆資金，如房地產，就是只有差價可以賺，如投資貴金屬。有人投資外幣，也是要冒著賺了利率，卻賠了匯差的風險。

簡言之，用巴菲特原則來存股，可以定期獲得較高的利息，承擔極低的風險。更好的是，還會有意想不到的豐盛的資本利得。

按照巴菲特的投資原則，找到好公司，用合理或便宜的價錢買股票做長期的投資，可以每年一次或是多次領取股利。以目前台股的現況來說，要找到股票利率在 5% 左右的好公司是很容易的事，比銀行利率不到 2% 要好很多，但風險沒有比較高。

相對於其他國家地區的股市，我們台股受到外資青睞不是沒有道理的。雖然這次新冠肺炎造成外資大逃殺，但在國際資金氾濫的情況下，這些熱錢還能有更好更多的選擇嗎？我認為早晚還是會回來的。

和銀行定存比較，除了利率較高，存股並沒有定期的問題。銀行定存有時間規定，沒滿期是沒有利息的。例如一年期的定存，差一天也領不到利息。但股票不同，若是某家公司在 7 月 1 日配息，你提早一天，6 月 30 日買進，你也可以參與配息。更有意思的是，若第二年仍是同一天配息，你持有股票 366 天可以配到兩次，算起來利率更高。

定存股票還有資本利得，這是銀行定存所沒有的。你

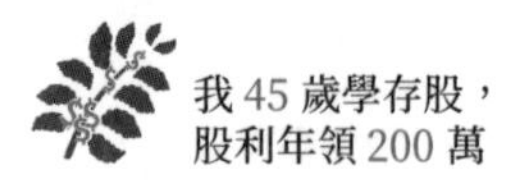

在銀行定存 10 萬元，期滿後領回本金 10 萬元再加利息，如此而已。

存股的情況就大不相同。（見圖表 5-2）我們存股是在投資一家經營良好的公司，除了每年領股利，也與公司一起成長，例如當年以 23 元買的大統益（1232），相當於我用 23,000 元去定存到這家公司。這些年來總共領了約四萬多的利息，而現在股價約 120 元，等於是我的本金也成長了五倍多。

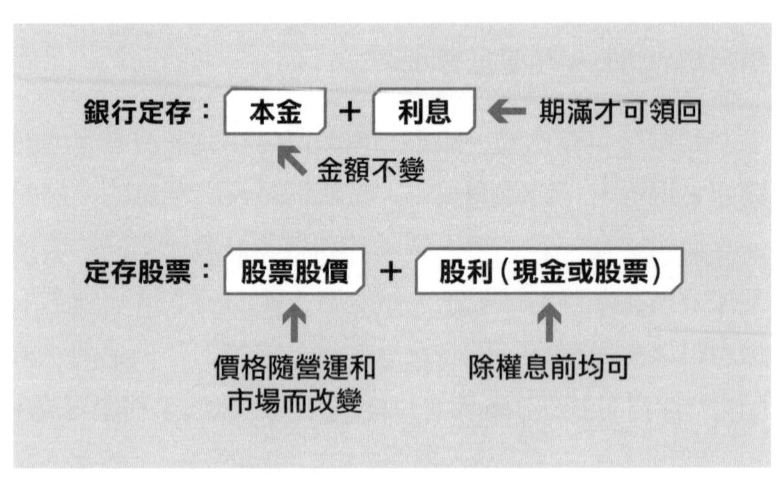

圖表 5-2　銀行定存和存股的比較

除了和銀行定存比較，存股與投資房地產相比，也不會遜色。投資房地產和買股票相似的地方還不少，房地產的獲利不外是賺差價和收房租。不同的是，投資房地產要比較多的資金，至少要有一筆頭期款你才能做包租公，這不是一般剛入社會的新鮮人有能力做到的。

但在股市中，你可以先買一張股票開始存，甚至現在還可以買零股。就像是我買不起一整棵樹，但我可以先買幾粒種子。也如同我買不起一間套房出租，但我可以先出租家當收租金。最近股市首席分析師楊應超出書，書中提到台灣的房價太高而租金太低，做包租公好像成本太高。

這讓我更加堅定地守著股市，繼續耕耘我的咖啡園。

第6章

如何安然度過每次股災？

要落袋為安嗎？

如果有看財經台的理財節目，落袋為安這個詞不能說是每天耳提面命，應該也是常聽到。久而久之，一般投資人大概都被制約了。落袋為安和停損停利，幾乎變成要在股市打拚的基本動作了。像是在當兵受訓時那樣，大家股民聽到命令，動作就直覺地做出來，完全不經思考。但有沒有想過，對存股的投資人，落袋為安是沒有問題的嗎？

十多年前，巴菲特投資法開始引人注意後，我已經接受過媒體訪問了幾次，也漸漸地在校園和朋友圈裡偶爾被討論。那時，我開始傳播存股的觀念，只是沒有引起多大的迴響。

常常聽到的反應是：「賺錢太慢了、沒空聽你說那麼多、報個明牌就好。」最奇怪的一個回答是：「沒那個賺錢的命啦！」

會不會賺錢和會不會讓錢滾錢，是兩碼子的事，但都跟命扯不上邊！那段時間，身邊周遭的親朋好友，相信我的只有我兒子和他的表哥。我太太最常掛在嘴邊的一句話，就是：「又沒有看到錢。」

記得小時候還有讀過另一則寓言故事，那是一對老農夫妻養了一隻會生金蛋的鵝，應該是每天都會產一顆金蛋。時間一久，老農想要更快發財，等不及一天只有一顆的收穫。於是，殺鵝取卵，想要一次全拿。故事的結局想必大家都已經知道，但我們有幾個人領悟到這寓言故事的啟示？

對存股的投資人而言，股票就是會生金蛋的鵝，也是我咖啡園裡的咖啡樹。生下來的金蛋也就是樹上結的咖啡果，每年入帳的股利。落袋為安，就像殺了那隻鵝或將咖啡樹賣了，會有獲利但就那一次。想要在賺錢就可能要等到下一隻會生金蛋的鵝，或是另外一顆便宜的咖啡樹了。

存股族的字典裡，應該找不到落袋為安這個詞。

要增加收入，我不會去殺鵝，而是想辦法多養一隻，或多種一棵咖啡樹，來年收成的豆子會多一點。有些書中也會用農場理論來說明存股獲利的邏輯，簡單來說就是「累積」二字。

最近，比較頻繁地接受媒體採訪，引起了更多的關注。身邊的家人也逐漸開始認同我這種慢工出細活的投資方法，至少太太不再提都沒看到錢了。對我來說，我的存股莊園會是永續經營下去，但現在可以確定的是方向和方法都還算是正確的，過去的時間沒有虛度。

沒有停利或停損

停損和停利，是很常聽到的兩個股市名詞。

當股價下跌時，專家會提醒投資人要設停損點，該壯士斷腕時就要能當機立斷。股價上漲時也要設一個停利點落袋為安，不要太貪心，也要留一點給別人賺。只要轉到財經頻道，每天都會聽到這種說法。以至於許多投資人都被制約了，也不管你是採用哪一種投資方法。就像是波浪理論和技術分析，停利、停損也是屬於以賺差價為主的那一派。

遵循巴菲特投資原則的存股族，心中應該是沒有停損和停利這兩個動詞的。當我用合理價買進股票時，股價上漲不代表要賣出。若沒有漲超過昂貴價，我是不會考慮賣出。公司營運沒有變壞，當股價下跌時，我會再加碼買進，因為價錢更便宜了。如果手邊沒有錢，那就什麼事都不用

做，安心地等著收成就好了。（見圖表 6-1）

如果我也有停利、停損的習慣，2009 年用 23 元買進的大統益會一直留到今天還在收股利嗎？向我推薦大統益的那位同事，他就只賺了差價，一次股利都沒領過。我們兩人到底是誰獲利比較高，其實我也不敢隨便斷言，但我的種樹方式應該單純多了。

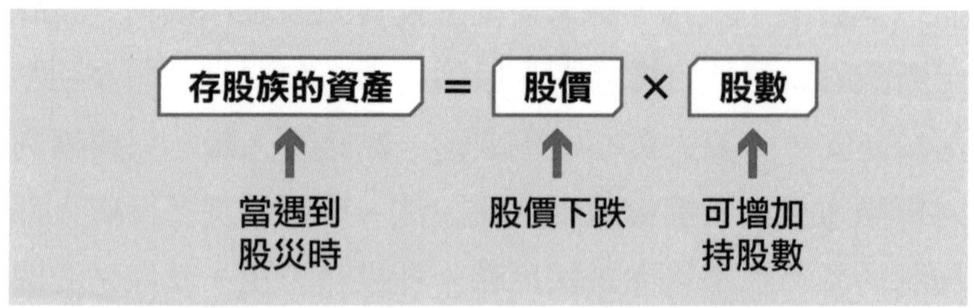

圖表 6-1　存股族遇到股災，可趁機增加持股數

股災教我的事

從開始打理自己的投資組合開始，前後經過幾次股災，包括網路泡沫、911、SARS、311 日本大地震，幾乎都在一知半解的情況下度過。雖然還是有逢低買進一些被牽累的績優股來增加咖啡園的規模，但如何能更精挑細選，等到好價錢，那時卻是不得而知。如果我當時能用我現在悟出的量化模式，應該會有更好的績效才是。

真正敲醒我，讓我投資的心態更上層樓的，是「金融風暴」。

2007 年 8 月，我帶著兒子去美國擔任交換教授一年，我的咖啡園像冬眠一樣，保持原狀。雖然沒有買賣，還是三不五時地經由網路去追蹤台股。某天，我發現自己的股票資產達到 2,000 萬元，到了一個新的階段。

現在回想起來，那時的國際油價先漲到了天價，一桶快 150 美元，還有人喊到一桶會漲到 200 美元。整個國際經濟像一個膨脹過度的大汽球，早晚會爆掉。只是那時沒有人在敲警鐘，或是敲得不夠大聲！

也不記得是房地產先出事，還是雷曼兄弟先垮台。經查證才知道，是貝爾斯登兩檔次貸基金開的第一槍。總之，金融風暴來的又快又急，台股瞬間急凍到約 4000 點（2008 年 11 月 21 日跌到 3955）。我就像是小時候在玩一二三木頭人，呆在那裡一動不動地看著股票資產縮水到 750 萬元。

之後碰到了巴菲特班的學弟妹，有人很興奮地和我打招呼，說終於遇到本尊了。一頭霧水的我，稍後才知道我的故事很榮幸地成為巴菲特班的範例。市值被腰斬再腰斬，還被太太痛罵，應該先將股票都賣掉，等 4000 點時再全數撿回來。其實，我太太那時也搞不清楚，反而是我那超悲觀的老媽在碎碎念：「股票都跌成這樣，還笑得出來！」

我的回答是：「又死不了人，怕什麼？」心想：「我的統一、台塑、南亞和中鋼應該不會歸零吧！若真的跌光了，中華民國也可能不在了。我再怕也沒有用啊！」心想最壞的情況不過如此，況且發生的機率應該是零，頓時心情好了一些。又想到沒有借錢買股票，沒有欠債的壓力，再加上每個月還是有薪水進帳，家裡的日常生活也不受影響，知道沒有後顧之憂，心情又更穩定了一些。套句俗話就是：「馬照跑，舞照跳。」

某天，突然想到以前的存摺都還在老爸那裡，於是麻煩他老人家幫我查查一共匯了多少錢到買股票的戶頭裡。第二天就有答案了，前後總共是約 500 萬元。一直都是樂觀的我完全回到正常運作的模式了。被折騰成這樣，我還沒虧錢，帳面上還賺了 250 萬。

心情恢復後，注意力就回到杯子有水的這一半，而不是老在沒水的那一半糾纏。原先不太想去碰的存摺又拿來翻閱，赫然發先暑假配發的股利都已經入帳了，完全不受國際股市崩跌的影響。這是以前沒有想過的問題。也就是說，莊園裡的咖啡樹的價錢大跌，但咖啡豆的價錢卻是依舊。那年領的 80 萬元股利都還躺在戶頭裡。

轉念後，再回去看盤，大家都還在躲天上掉下來的刀子時，對我而言卻是撿到了禮物。用惱羞成怒來形容當時將現金股利全部換成了股票的心情，現在卻是很開心地回想那時的情景。我買到 8 元的年興紡織（1451）和玉山金（2884）、18 元的寶成（9904）、14 元的中華車（2204）等，這些股票現在幾乎都還在咖啡園裡等每年的收成。

由於在股災時又逢低多種了幾棵樹，所以等大盤漸漸回升時，我的資產（股價 x 股數）很快就成長回原來的規模，甚至超越。

經過這次股災，讓我學到，當我不賣股票，我的資產會隨著股價變動而起伏。但每年要領的股利卻和大盤無關，而是要看公司前一年的營運表現。和賺差價的投資人有完全不同的考量，他們怕還會有低點，寧願賠錢也要將手中的股票換成現金。

存股的投資人是沒有必要每天盯著自己的資產看，那幾乎每天起伏的資產對我而言，那只是一個數字而已。

在黑天鵝出現時，所有的公司都無一倖免。在大盤的拖累下，好公司在這時會出現難得的好價錢。當眾人紛紛跳船停損時，就是我張開雙臂等著接禮物的種樹時機。

另外還有一個現象，那就是大盤在大跌，外資落跑和眾多小股民在哀號時，國安基金和四大基金就會適時的進場護盤。

我會厚顏的以為自己也是國安基金的一員，發揮騎士精神也跟著逢低買進。幾次所謂護盤的結果好像都有還不錯的成效，降低我的平均持股成本，提高了每年獲利率。

投資心態完全改變

有人說，巴菲特只有一個，他的底子夠硬，撐得過這次股災的應該也只有他。我覺得能學得像巴菲特那樣，應該不只少數。上次金融風暴我算是平安度過，這次我用同樣的心態和方法，希望也能舊戲重演。

當股市上漲時，我的股票若還沒有太貴，我就高興地看著資產膨脹的數字。股價下跌，就是買樹的時機。我會開始搜尋被錯殺的好公司，看股價是否來到好價格。總之不論漲跌，我都能保持愉快的心情。

這次新冠肺炎造成的股災仍是方興未艾，有了上一次金融風暴的經驗，使我更能心平氣和地將這隻黑天鵝視為難得的股市週年慶。當然還是要去判斷有哪些產業會受到影響，像是旅遊業、航空業等。又那些產業比較不會受到影響或影響較小，如食品業、宅配物流業。影響較大的產業暫時不去碰，等到塵埃落定後再做打算。

莫忘初衷，投資理財是要提升生活品質，不是將生活弄得心驚肉跳、七上八下的。身邊總有些賺差價和跑短線的朋友、每次遇到一個長周末或是年假出國，總在抱與不抱股之間天人交戰。賣了怕收假後漲了買不回來，不賣又怕放假中有個三長兩短的意外發生，連度個假都不能好好放鬆。何苦呢？

如果當年事先知道會有股災發生，我也一定會像洪瑞泰說的，至少先賣到一半。等跌到低點時，再買回更多一點的股票。可惜的是，資質駑鈍的我並未事先就看到黑天鵝。話又說回來，當時世界的財經專家們又有幾位有先見之明？

走筆至此，新冠肺炎席捲世界，這次我仍沒有機會先賣一半，所以仍是按兵不動，等待撿便宜的時機。

如何面對新冠肺炎？

在寫書的這幾天，正好遇到新冠肺炎的疫情升高，世界股市大跌，哀鴻遍野的時期。身為股市投資人的一員，當然不能置之事外。

我是如何面對這隻黑天鵝，應該可以給讀者當作參考。等書出版後，或是一年後再回顧，我用面對上次金融風暴的方法，這次是否管用，屆時就可分曉了。希望我是對的，雖然我有信心，不過還是要讓時間來證明。

首先，做為死忠的巴菲特信徒，堅守巴菲特的買賣原則，我不會因為股價下跌而去停損某一檔股票。任何一檔股票若是沒有出現賣出的三個原則之一，我是不會賣出任何一張股票的，也就是不會亂砍任何一棵樹。

在大跌的過程中，某些股票反而出現了可以買進的價錢，好價錢出現了。當美國股市破天荒地融斷了好幾次，台股也跌破了十年線。其實我沒有在看線型，也從未搞懂過，技術分析的那些指標對我而言是沒有太多意義的。我只知道現在價錢下跌了，會讓我蠢蠢欲動。

在開始像國安基金一樣進場護盤之前，我還是會先確認兩件事。一是疫情是否已經獲得控制，所以每天追蹤國內外確診人數、出院和死亡人數是必做的功課。另一是想買進的公司受到這次新冠肺炎的影響程度。若是旅行業或航空業，這次的衝擊最大，應該暫時避開，即使股價已經被打到骨折了，便宜到不行。

某天，我逛家樂福發現貨架上只剩兩小包統一肉燥麵，賣衛生紙的貨架上也被掃得所剩無幾。泡麵的保存期限比較短，而衛生紙可以囤積很久。因此推斷這次疫情會讓某些食品業的生意會比較好，而賣衛生紙的好景應該較短一些。

另外，中央銀行也宣布降息，以及放寬資金給中小企業紓困。這些措施對銀行金控未來的營運有何影響，也是我是否逢低再多買幾張玉山金的重要參考。

若其他條件變化不大，原本 29 元就可以買的玉山金，現在跌到 20 元，應該沒有不買的道理吧？有人會說，若還會下跌怎麼辦？我的答案是，有錢再買，沒錢就不要管它，等暑假收割。當然，其他的公司也可比照辦理。

根據我以前的經驗，要能買在最低點的機會很微小，能買在相對低的價格就很令人滿意了。別忘了我們存股的是希望持股的成本能夠降低，來年配息的殖利率就會相對提升。

這次的股災讓許多投資人紛紛躲避天上掉下來的刀子，而我們則是用不同的心態來接天上掉下來的禮物。是刀子，還是禮物？過些時，就會有答案！

不要任意擴張信用

古希臘科學家阿基米德說；「給我一個支點，我可以舉起整個地球。」當然要舉起地球是有些誇張，但還是說明了槓桿的威力是巨大的。

《富爸爸、窮爸爸》的作者就是利用槓桿原理去開拓他的房地產事業。在景氣低迷、房市低落時，用 10%的頭期款買下一間 10 萬美元的房子。若是一年後房市回溫，有人願意出 12 萬美元買走。

帳面上，房價上漲了兩成。但原先投資人只付了 10,000 元的頭款，等於是用 10,000 元在一年後賺了 20,000 元。若是不扣其他零星的支出，這次買賣的獲利率不是 20%，而是驚人的 200%。這就是利用財務槓桿在房地產獲利的例子。

聰明人什麼地方都有，股市裡也不缺這種投資人。聽說有位年輕的朋友，自有資金約 80 萬元。想要迅速致富而採用財務槓桿，融資後總共買了 200 萬元的股票。預計股價上漲 20％就出場，換成獲利約有五成。處在牛市，短期內能有這樣成績不是不可能。

可是命運總會捉弄人，莫名飛來一隻黑天鵝，把大牛嚇到不見蹤影，原來的市值蒸發了一半。股市回春遙遙無期，只有斷頭認賠出場。結局是，原先辛苦存的 80 萬元沒了，還負債 20 萬元，成了名符其實的「負翁」了。

另外一個故事是聯電（2303）的投資人，他原被套在 100 元出頭。頂著晶圓雙雄的光環，又有聰明絕頂的曹董運籌帷幄，80 元應該是谷底了吧。這位老兄用僅剩的資金買進攤平，並靜候反彈。誰料那反攻的號角一直沒有響起，股價卻是一路轉進向下。不多時已經跌破 40 了，可能是歷史低點了。

這也許是老天給的最後一次機會，手邊已經沒有現金了，但想翻本的欲望卻像是剛從外島當兵退伍的熱血青年一樣高漲。於是他瞞著太太，偷偷地將房地契拿去抵押貸款，一次梭哈了。命運之神再次拿他開玩笑，聯電的股價跌到 20 元了。要還抵押貸款的壓力讓他喘不過氣來，最後只好向他太太自首，請老婆大人出面善後。於是，一個堂堂的大男人交出所有的存摺與印章，每個月身邊僅留一些零用錢。這種日子要至少熬到還完貸款吧。

這些都是身邊發生的真實故事，只是金額做了更動。類似的故事並不稀有，因為股市中有太多人想要能夠快速致富，而運用財務槓桿去擴張信用。少數成功的可能會出暢銷書，大多數被斷頭的只好回家寫悔過書了。

所以想要理財致富的投資人千萬要有耐性，投資這檔事是急不得的。如果不去擴張信用，最壞的狀況就是所有投資歸零，股票變成壁紙。日常生活照舊，不會受到太大的影響，因為沒有負債。

但任意擴張信用，有可能讓你的生活由彩色變成黑白。被債務追著跑的日子可以讓英雄變成狗熊，那種很難想像的艱困日子可不是我們打理財務的初衷。

千萬叮嚀，投資千萬不要任意擴張信用！

盤算「最壞的狀況是……」

「最壞的狀況」，這是面對難題時的一個方法。已經忘了是哪裡看到的，不過已經用過了好幾次，而且也不僅限於投資理財方面，生活工作上遇到困難時都可以派上用場。記得上次金融風暴時，老媽替我擔心而一直在那裏碎碎念。我的回應是，又死不了人，怕什麼？

其實那時我在心中已經盤算過：最壞的狀況是，我所有的股票都跌到歸零。因為我沒有擴張信用，沒有任何負債，每月還有固定收入，我家的日常生活完全不受影響。因此即使是最壞的情況發生了，我也完全承受得起。

再就是我的股票會真的歸零嗎？統一、台塑、南亞、長興、中鋼、玉山金等眾家公司有志一同地跌到零，那中華民國也要一鞠躬下台了。這發生的機率幾乎是零。既然是不會發生的事情，那麼我們有必要反應過度嗎？

經過了這種思考，可以讓自己的心情恢復到比較平穩的狀態，而不是跟著大眾與媒體一起歇斯底里的瞎起鬨。當一個人的心情穩定後，你的思維就開始正常的運作，做出的任何決策的品質也就相對提昇許多了。

在此認真的建議，遇到任何艱困的狀況，先別窮緊張。深呼息後，想一想最壞的狀況是什麼？若是發生了，應付得了嗎？最壞狀況發生的可能性大嗎？

我的經驗是，通常事情沒有想像的那麼糟。我們的想像力可能有放大作用，對好事的預期也通常是有一樣的效果。我們在做任何投資決策時，也應該運用這個方式來幫助下決定。如果是這樣，前面錯誤投資的故事也許就可以避免了。

我們在投資理財這條路上，還是應該要安步當車，穩穩地前進。走捷徑，運用財務槓桿和任意擴張信用都有可能讓人掉入深淵，永遠爬不出來。

結語

就算遇股災，股利仍年領 200 萬

這本書是在分享一個年近半百才開始的個人理財歷程，我用簡單易懂的方法再加上讓時間累積的複利效果，進而達到人人都有可能獲得的財務自由。

撰寫本文時，也像在狂風暴雨的長夜裡，細細地回味過去近 20 年存股的點點滴滴。從鍵入第一個字起到完稿，新冠肺炎仍在世界各地肆虐著。

雖然我們算是防疫有成效，目前並未有嚴重的疫情和社區感染。但台股卻無法自外於這場如黑天鵝般的世紀風暴，也和其他重要股市一起跳水。在國安基金護盤和我們基本面較佳的情況下，大盤指數已經回到萬點以上。雖還未回到 2020 年初的高點，但也算是已經先爬上岸了。

有了上次 2008 年金融風暴的洗禮，這次我也沒有跟著殺出任何一張股票，雖然帳面的現值縮水不少。2020 年 3 月中，上了一個電視通告。錄影的前幾天與小編聯絡時，資產縮水約 300 萬元。等錄影時，我白板上的數字已經變成 700 萬元了。那時，我仍是談笑風生，像在說別人家的八卦。

因為我知道疫情早晚會過去，只要公司營運受到的影響不大，我的咖啡園仍會像往年一樣，欣欣向榮並結實累累。堅守好公司和好價格的投資原則，保持該有的投資紀律，受到疫情的影響就會降到最低，並能保持自己原有的生活步調。

當股市大跌時，從天上掉下來的刀子中也會夾雜著一些禮物。這次我也順勢低接了幾張打折的好股票。隨著各公司陸續公布今年的配股、配息，我手上持有的股票張數約有 1,000 張（見圖表 7-1），2020 年的收成 200 萬元多一點，成績尚可接受。

當然最重要的是，書中的故事能讓大家多一個理財選擇，可以讓任何人在任何時間開始打理自己的財務，進而獲得財務自由。當年 45 歲平凡的大叔可以輕鬆做到，相信每一個有心人都可以建立屬於你自己的莊園，讓錢為你工作，而不再為錢所苦，不再為錢工作。

希望不久我能聽到你們分享你們的故事！

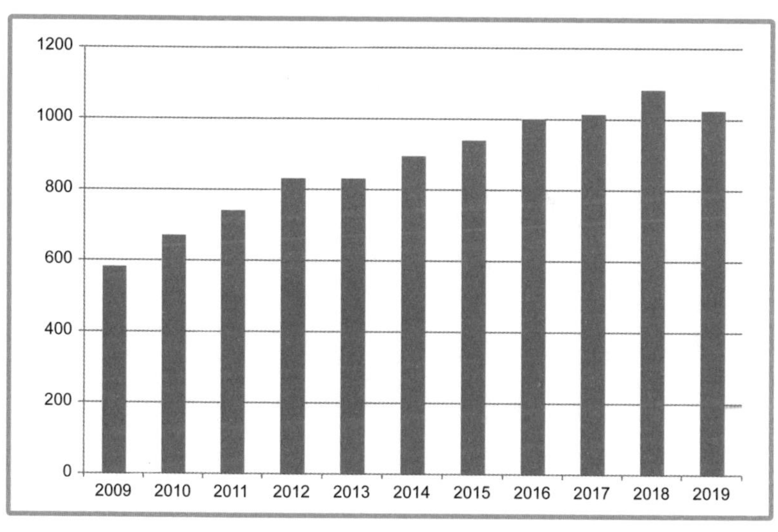

圖表 7-1　**每年持股數**

附錄 1

查詢股票的基本資料與股利

有人將股票市場比喻成武俠小說裡的江湖，在股海中浮沉，就像是闖蕩江湖。相對於外資、內資、主力大戶和技術分析等傳統名門大派，存股族算是江湖中剛冒出頭的小幫派。

教主就是號稱不敗的陳老師，率領著我們幾個不按一般的江湖規矩（波段操作和賺差價），堅持精神領袖巴菲特的獨門心法：價值投資，在主流中也算是湧出了一小股冷泉。

個人生性很怕麻煩，繁文縟節且要花時間做許多功課的都是能躲就躲。在金庸小說中覺得鹿鼎記中的韋小寶是我心愛的角色，希望能在股海中用比較少的時間來獲致較大的收穫。

就像小寶一樣，在嘻笑怒罵之間就完成其他人也能肯定的成績。雖說如此，我還是每隔一段時間就到網路上追蹤我有興趣或是已經持有公司的營運狀況。通常定期追蹤的是公司每季獲利狀況，有時也會讀讀與公司相關的新聞，流程如下：

- 首先，登入 Yahoo! 首頁，點擊頁面左欄的「股市」。

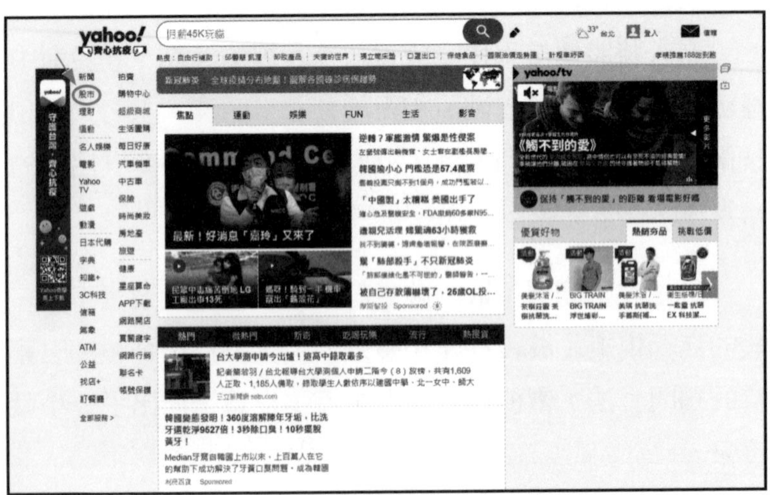

• 接著，點擊「當日行情」，或直接輸入「股名搜尋」。以大統益（1232）為例。

• 進入頁面後，點擊「基本」。

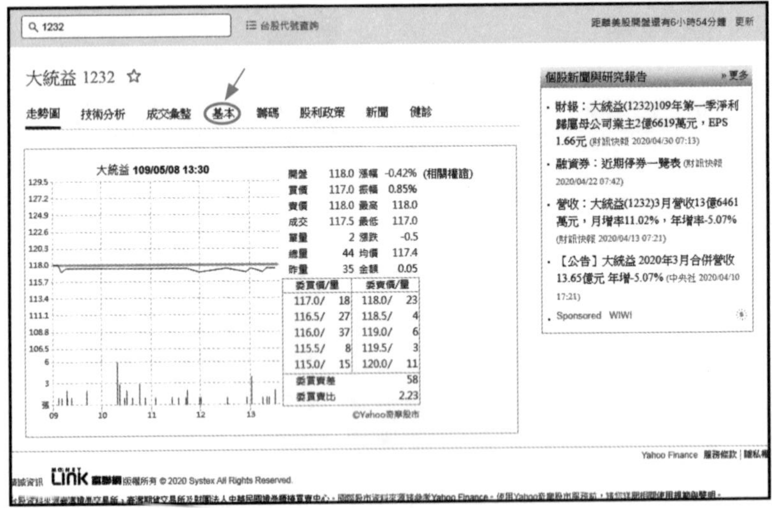
1232
台股代號查詢
距離美股開盤還有6小時54分鐘 更新
大統益 1232
走勢圖 技術分析 成交彙整 基本 籌碼 股利政策 新聞 健診
大統益 109/05/08 13:30
開盤 118.0 漲幅 -0.42% (相關權證)
買價 117.0 振幅 0.85%
賣價 118.0 最高 118.0
成交 117.5 最低 117.0
單量 2 漲跌 -0.5
總量 44 均價 117.4
昨量 35 金額 0.05
委買價/量 委賣價/量
117.0/ 18 118.0/ 23
116.5/ 27 118.5/ 4
116.0/ 37 119.0/ 6
115.5/ 8 119.5/ 3
115.0/ 15 120.0/ 11
委買賣差 58
委買賣比 2.23
©Yahoo奇摩股市
個股新聞與研究報告 »更多
財報：大統益(1232)109年第一季淨利歸屬母公司業主2億6619萬元，EPS 1.66元 (財訊快報 2020/04/30 07:13)
融資券：近期停券一覽表 (財訊快報 2020/04/22 07:42)
營收：大統益(1232)3月營收13億6461萬元，月增率11.02%，年增率-5.07% (財訊快報 2020/04/13 07:21)
【公告】大統益 2020年3月合併營收13.65億元 年增-5.07% (中央社 2020/04/10 17:21)
Sponsored WIWI
Yahoo Finance 服務條款
版權所有 © 2020 Systex All Rights Reserved.

- 從基本資料可以得知公司的股本和淨值，以及 2020 年的股利、過去四季的每股盈餘、過去四年的每股盈餘。從此頁可以得知今年大統益每股配發現金 5 元，除息日期尚未公布。

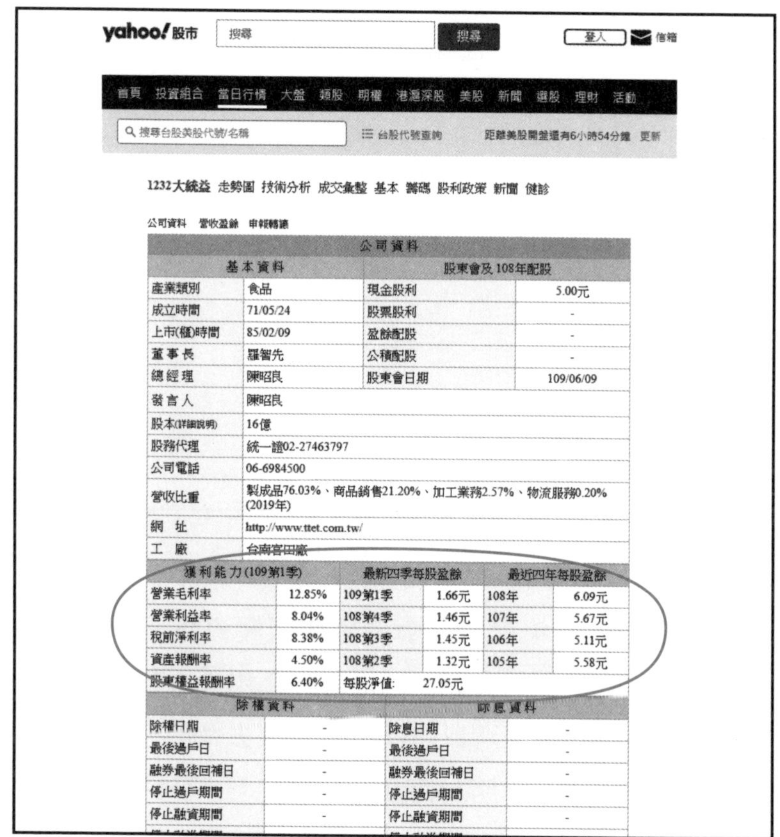

yahoo! 股市 搜尋 搜尋 登入 信箱

首頁 投資組合 當日行情 大盤 類股 期權 港滬深股 美股 新聞 選股 理財 活動

搜尋台股美股代號/名稱 台股代號查詢 距離美股開盤還有6小時54分鐘 更新

1232大統益 走勢圖 技術分析 成交彙整 基本 籌碼 股利政策 新聞 健診

公司資料 營收盈餘 申報轉讓

公司資料			
基本資料		股東會及108年配股	
產業類別	食品	現金股利	5.00元
成立時間	71/05/24	股票股利	-
上市(櫃)時間	85/02/09	盈餘配股	-
董事長	羅智先	公積配股	-
總經理	陳昭良	股東會日期	109/06/09
發言人	陳昭良		
股本(詳細說明)	16億		
股務代理	統一證02-27463797		
公司電話	06-6984500		
營收比重	製成品76.03%、商品銷售21.20%、加工業務2.57%、物流服務0.20% (2019年)		
網址	http://www.ttet.com.tw/		
工廠	台南官田廠		

獲利能力(109第1季)		最新四季每股盈餘		最近四年每股盈餘	
營業毛利率	12.85%	109第1季	1.66元	108年	6.09元
營業利益率	8.04%	108第4季	1.46元	107年	5.67元
稅前淨利率	8.38%	108第3季	1.45元	106年	5.11元
資產報酬率	4.50%	108第2季	1.32元	105年	5.58元
股東權益報酬率	6.40%	每股淨值: 27.05元			

除權資料		除息資料	
除權日期	-	除息日期	-
最後過戶日	-	最後過戶日	-
融券最後回補日	-	融券最後回補日	-
停止過戶期間	-	停止過戶期間	-
停止融資期間	-	停止融資期間	-

- 若點進「股利政策」，可以看到過去十年的配股和配息的金額。由下圖可以看出，大統益過去的配息穩定，近幾年來一直保持在 5 元。

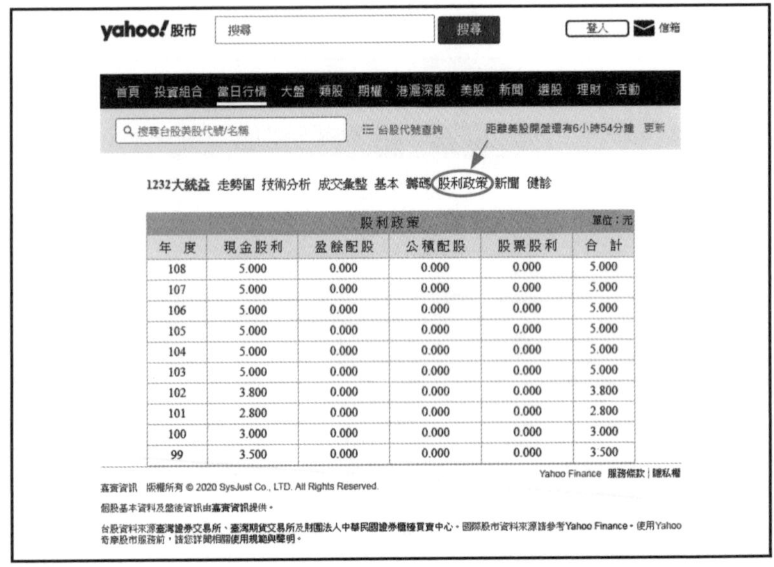

股利政策　單位：元

年度	現金股利	盈餘配股	公積配股	股票股利	合計
108	5.000	0.000	0.000	0.000	5.000
107	5.000	0.000	0.000	0.000	5.000
106	5.000	0.000	0.000	0.000	5.000
105	5.000	0.000	0.000	0.000	5.000
104	5.000	0.000	0.000	0.000	5.000
103	5.000	0.000	0.000	0.000	5.000
102	3.800	0.000	0.000	0.000	3.800
101	2.800	0.000	0.000	0.000	2.800
100	3.000	0.000	0.000	0.000	3.000
99	3.500	0.000	0.000	0.000	3.500

Yahoo Finance 服務條款 | 隱私權

嘉實資訊　版權所有 © 2020 SysJust Co., LTD. All Rights Reserved.

個股基本資料及盤後資訊由嘉實資訊提供。

台股資料來源臺灣證券交易所、臺灣期貨交易所及財團法人中華民國證券櫃檯買賣中心。國際股市資料來源請參考Yahoo Finance。使用Yahoo奇摩股市服務前，請您詳閱相關使用規範與聲明。

個人過去多年就只是參考這些個股資訊，不會花太多時間。其他公司的資訊比照辦理。不用天天盯盤，盤後也不用做其他功課。可以將時間省下來去做自己喜歡的事情，或是多與家人和朋友相處。把握當下，享受人生吧。

附錄 2

存股路上，快速累積經驗的好書

「哪裡跌倒，那裡再爬起來。」這句老話常常聽到，有激勵人心的作用。但是對於在股市中跌倒的人是否管用，那就值得商榷了。如果某家公司造成你的巨大虧損，你還想從這家公司翻本。機會可能不大。若是你的投資方法出了問題，你還想用同樣的方法東山再起。以為這次不同，但是相同的結局很可能會再重新上演。

另外一句出於牛頓的名言是：「站在巨人的肩膀上。」我們可以正面解讀為我們可以從別人的經驗中去學習，而不依定要從自己的錯誤中學到教訓。

閱讀有關投資理財的相關書籍，就是一個非常有效率的學習方法。這次準備出書時，就將書櫃裡的藏書搬出來，覺得有參考價值的篩選出來，按照閱讀的順序排列，配合簡短的介紹，當作推薦名單。

希望讀者可以從中選取有興趣的來閱讀，你將會發現每一本書都可以是一個巨人。

《股票聖經》商周出版／ 1997 年

這本書算是我最早期接觸的理財書之一。另一本也是聖經級的，黃培源的《理財聖經》，當時對書中提出的隨便買、隨時買、不要賣的三原則就有所懷疑，事後也發現投資股市也不能照他書中說的。當然在此也就不會將這本聖經放入名單中。

官大煊的這本雖說已經有些歷史了，要買還要去二手書店挖寶，或是去圖書館借閱。不過書中的一些基本觀念倒是不退流行，二十多年後仍就管用。我是在 1998 年 2 月一讀，之後每隔一段時間會在翻閱。雖然沒有百分之百完全照著書中的策略，卻也是沒有偏離太遠。

《股市陷阱 88》天下文化／ 1988 年

我的紀錄是 2003 年 8 月讀第二遍。作者巴瑞克（Roland Barach）是一位臨床心理學家，也是活躍的股市投資人，研究投資心理多年。他發現，除了經濟因素之外，投資人的心理因素使得股市變得更複雜而又具有挑戰性。

作者總共整理出了 88 個心理陷阱，現在再讀一遍時，仍是心有戚戚焉。可見大部分投資人的心態並未隨著時間而有所改進，我們仍要隨時提醒自己是否有掉入陷阱裡，把機會看成危機，而又將危險當成了千載難逢的機會。若是還找得到這本書，強烈推薦。

《富爸爸，窮爸爸》致富館出版／ 2001 年

這可能是我讀過的理財書裡最暢銷的一本。當年，我花了 250 元買了一本來讀第二遍，第一遍是學生借給我

的。之後，我又買了一本原文書來翻閱，前後用了不到千元就學到了作者清崎的現金流的觀念了，並用到我的股票投資上，而不是他書中推薦的房地產上。

原因除了本錢不足之外，國情應該也有差異。清崎曾來台灣演講，門票好像要幾千元。也聽說有人花了好多萬去新加坡參加他的富爸爸、窮爸爸工作坊，回來後感覺和讀書差不多。

這就是作者厲害的地方，一個產品有不同包裝，要價不同。書中闡述的對讀者還沒產生效果之前，作者卻已經發了大財了。

《半斤非八兩》天下文化／ 2003 年

這本書沒有直接討論到買股票，卻是從心理學的角度來探討理財的心理陷阱。兩位作者貝司基（Gary Belsky）和洛維奇（Thomas Gilovich），在書中教我們如何改變理財方式，避免無謂的浪費。這本書可以和股市陷阱 88 互相參考，找出我們自己常常出現的錯誤心理狀態，並且適時做出修正。

《一個投機者的告白》商業周刊／2018 年

歐洲股神科斯托蘭尼所寫的，一系列三本書的第一本。我三本都推薦，讀者可以從這本書開始去認識作者，以及他的投資策略。雖然書名是一個投機者的告白，但是作者至少在其後半生其實是一個股市的投資人。

他的溜狗理論比喻地很傳神，作為一個長期存股者可以用實際成績來驗證這個理論。還有科斯托藍尼的雞蛋模型也很簡單地說明了景氣的循環，與溜狗理論配合在一起可以讓我們更加容易了解現今股市的漲跌。

讀者也可以將這本書當成個人的自傳，或當故事書來品味，效果也不差。我自己也是三不五時會拿出來複習，每次都還會有不同的感想。

《億萬富翁的賺錢智慧》時報出版／ 2003 年

作者雪佛（Bodo Schafer）是出生於歐洲而後移居美國的理財大師，時報也有出版另外幾本他的暢銷書。像其他幾本書的作者一樣，雪佛也是從自己成功的經驗中理出了 12 條致富新規則與讀者們分享。

本書的第二部分是提高收入的實用手冊，其實是可以作為每一位社會新鮮人的重要參考。當然在尋求職涯第二春的朋友，也可以在做決定前先好好將這第二部分仔細讀一讀。

書的封面寫著，保證你年收入增加 20%以上。這幾年我的收入是有在增加，有沒有 20%以上我沒有去算過。可以確定的是，這本書對我是真的有幫助。

《漫步華爾街》天下文化／ 2017 年

第一版於 1973 年問世，算是一本長期暢銷的理財書，否則也不會出到第 11 版，中文翻譯本也是第 5 版了。作者墨基爾（Burton G. Malkiel）是證券分析師，也是普林斯頓大學講座教授，學經歷俱佳。

書中提出的磐石理論和空中樓閣理論，兩者都值得讀者深思，並運用在自己的投資上。另外也個別分章討論了技術分析和基本分析，讀者可以從他的論述中找到適合自己的投資方法。這本書厚厚的可以當作教科書，但是內容淺顯，又適合一般投資人當作課外讀物。值得一讀！

《錢與閒》商智文化／ 2004 年

這本書可能是讀過的次數最多的，不下四次。書的內容有用又易讀，讀起來讓人有欲罷不能的感覺。再加上作者勒巴夫的背景與我類似，都是在大學教書。他是 35 歲時悟出個人理財的重要而開始打理自己的財務，以 47 歲的高齡從教職退休。

我們不一定要像作者那樣早就退休，但他分享的觀念和方法卻是值得我們學習的。因為是好書，商業周刊最近又再版，並更名為：《賺錢，也賺幸福》。新的或舊的都應該在網路上找得到的，買書的錢是值得投資的。

《巴菲特選股魔法書》SMART 智富／ 2004 年

市面上，有關巴菲特的書籍很多，能讓人一讀再讀的確為數不多。洪瑞泰寫的這本是引領我真正認識巴菲特極簡單又有效的投資法則。當年在翻閱這本大作時，就立刻報名洪瑞泰開的巴菲特班。

現在洪瑞泰已經退隱江湖，不再授課了。不過上過課的師兄弟們有開課的，也有寫部落格的，相關資訊還是很容易獲得的。有心學習者，這本書是值得好好研讀的。就如封面寫的、像地雷股說 Bye Bye，未來在股市裡比較不容易賠掉老本。

《下個富翁就是你》時報出版／ 2005 年

一開始就被書名吸引了，希望自己成為下一個富翁。作者史丹利（Thomas J. Stanley）長期研究美國的富裕家庭，其研究結果也打破了一般人對有錢人的刻板印象。我們以前總是憧憬著富豪人家的光鮮亮麗，令人高不可攀的高調生活。

這本書揭露了富翁的真正面貌，就如同它的原文書名 The Millionaire Next Door，這些百萬富翁就是住在我們隔壁，他們的生活其實並不是那麼高調。也就是因為令人想像不到的低調，這些富翁才能白手起家。

讀完書後，還真的讓人覺得自己也可以成為下一個富翁，當然還是要去執行書中提到的七大致富要素才有可能夢想成真。史丹利博士一直在針對這個主題做不同的研究，但不幸地在 2015 年遭酒駕撞擊身亡。

他的女兒沙菈（Sarah Stanley）繼承父業，整理了近年來的研究於 2019 年出版了續集《如何把收入轉化為財富》（*The Next Millionaire Next Door*）由遠流出版。有興趣的讀者也可以去書店翻閱，我也在此一併推薦。

《有錢人想的和你不一樣》大塊文化／ 2006 年

這是一本長青的暢銷書，因為現在書店的財經專書區仍有它的蹤影。

作者從小貧困，因而發憤圖強。創業成功後卻不知守成，反而大肆揮霍。不用兩年，很快地回到原點。當他再次站起來之後，憑藉著修改過的金錢藍圖而脫胎換骨，成了超級富豪。

這本書就是作者在獲得真正成功之後所寫出的心得，與大家分享。他歸納出了 17 種思考方式，讓每位讀者能夠換一顆有錢人的腦袋。正如作者所說的，發財是人人都想要的。

但如果心態沒有隨之改變，仍是用著以前的老想法，卻希望這次會有不同的結果。那無疑是在緣木求魚吧！我深受這本書的影響，連以前部落格的名稱都是：我想的和你不一樣。

《自動千萬富翁》先覺出版／ 2006 年

想要發財，卻又不想太費周章。當看到這書名時，就立刻吸引了我。如果能自動變成千萬富翁，這種好事怎能拒絕呢？

翻開第一頁後，就深深被作者的論點吸引了。作者巴哈在書中提出了兩個非常重要的觀念：拿鐵因子和先付錢給自己。作者用和拿鐵來形容我們日常生活中有許多不經意而可以省下來的花費，你可以去星巴克喝一杯拿鐵，也可以在家自己泡一杯便宜許多的咖啡。

每天省一點，積少成多，一年下來也可以存下一兩張股票。先付錢給自己顛覆了我們刻板的觀念。我們總是領到薪水後先犒賞自己，其實我們是付錢給了商人。

付錢給自己就是將錢存下來，留給未來的自己。也就是要養成按時儲蓄的習慣。再加上你有省錢的習慣，自動成為千萬富翁也就只是時間的問題了。這本書算是個人財務管理的基礎參考書，在此強烈推薦給讀者。

《窮查理的普通常識》商業周刊／2014 年

巴菲特現在已經是家喻戶曉的人物了。不管你是不是股市投資人，應該都認識他。知道查理・蒙格（Charles T. Munger）的人就相對少很多，甚至還會問他是誰？蒙格是波克夏的副董事長，比巴菲特虛長幾歲，與巴菲特共創波克夏傳奇。

這是一本算是大部頭的書，厚厚地多達近五百頁。本來以為要讀很久才能讀完，甚至可能讀不到一半就將其放回書架上存查了。誰知一看就無法停止，沒多久就讀完了一遍。至今已經完成二讀，在寫本書時又將它翻開，準備讀第三遍。

書中分為幾個部分，有蒙格的介紹、蒙格主義，以及蒙格 11 場演講。以前有人用如沐春風來形容讀到了一本好書，我在翻閱這本書時就有類似的感覺。希望讀者們也能找機會來體驗一下，開卷有益這句話是沒錯的。

《投資最重要的事》商業周刊／ 2017 年

作者馬克斯（Howard Marks）是橡樹資本管理公司董事長兼共同創辦人，公司管理的資產超過 1,000 億美元。能夠管理和經營這種規模的公司，沒有一些值得學習的功力還真的沒辦法撐多久的。

作者認為投資更像一門藝術，要學會第二層思考，也就是與眾不同的思考。根據正確卻與市場共識不同的預測，你才有可能獲得傑出的績效。他認為投資人若和其他人都一樣，那就不可能有比較好的結果。就好像是在跟流行，你最多是趕上時代的潮流，但你絕對不會是出眾的那一位。

書中還提到許多不錯的觀念和想法，都深深地吸引著我的思緒。當然也希望好奇的讀者也能找機會翻一翻這本書，可能讓你的投資之路更為平穩順暢。

《生活投資學》遠流出版／2018 年

除了書名吸引了我的注意力，這本書封面上的副標題：「領股息、賺價差，最適合散戶的投資系統」，更讓我忍不住要去看看內容到底是寫些什麼。

雖然我是以存股為主，幾乎沒有在賺價差的。但是投資以生活為主的相關公司還是我注目的焦點，於是這本書還是被放進我的書櫃裡。讀了之後覺得這本書寫得很生活化，恰如其書名。真的很適合一般投資人拿來做參考，尤其是股市新鮮人。

如果按照書中的重點如法炮製，我猜每年獲得比銀行定存的利息更好的報酬應該是可以期待的，而且比較接近生活化的投資過程也會更有趣些。

《財務自由的人生》天下文化／ 2019 年

作者楊應超是國內知名的首席分析師，有著多年華爾街的投資經驗，以 40 歲的高齡就開始享受財務自由的退休生活。他將他在財務投資界多年的經驗與心得與大家分享，並且說明管理財務與投資的最終目標不是累積金錢，而是要去追求自由的生活，去做自己想做的事情。

雖然書中提到的一些觀念可能都已經聽過，但是經過不同作者的自身經驗與闡述，會讓人有著不一樣的感受。

這本書是寫給一般投資人的，內容簡單易懂，讀起來完全沒有壓力。由於作者求學與成長過程中有一大部分是在美國，所以他書中寫道的中英對照也能讓讀者多學一些單字詞彙。這也算是這本書的附加價值吧！

《為什麼你的退休金只有別人的一半？》
商業周刊／ 2019 年

作者闕又上應該算是現在最流行的斜槓人士吧！他是基金管理人、財經作家，也在台北市經營 Coffee Shop。每年如候鳥般地穿梭於太平洋兩岸，日子過得非常充實又有趣。

這本書前言加上尾語一共是 14 個章節，都是用 14 封回信作為開始，頗為特殊。在軍公教年金被砍，勞退基金即將破產，再加上少子化與老年化多重衝擊下的現況，這本書的書名就特別吸引人了，尤其是中壯年人士吧。

在現今的情況下，每個人都應該自己為自己再多存一筆退休金，才有可能過一個無憂快樂的晚年。除了個人，書中也對公部門如大學提出中肯的建言，龐大的校務基金應該要能靈活運用，製造更好的投資績效。否則坐在錢堆上哭窮，變成政府和每所大學的常態。這絕非長久之計。厚厚的一本頗有分量的，書中給的觀念絕對值得我們去花時間和金錢去挖掘的。

翻轉學　翻轉學系列 034

我 45 歲學存股，股利年領 200 萬

投資晚鳥退休教師教你「咖啡園存股法」，讓股市變成你的搖錢樹

作　　者　謝士英
總 編 輯　何玉美
主　　編　林俊安
封面設計　FE 工作室
內文排版　許貴華、黃雅芬

出版發行　采實文化事業股份有限公司
業務發行　張世明・林踏欣・林坤蓉・王貞玉
國際版權　劉靜茹
印務採購　曾玉霞
會計行政　許俽瑀・李韶婉・張婕莛
法律顧問　第一國際法律事務所　余淑杏律師
電子信箱　acme@acmebook.com.tw
采實官網　www.acmebook.com.tw
采實臉書　www.facebook.com/acmebook01

ISBN　978-986-507-135-6
定　　價　330 元
初版一刷　2020 年 6 月
初版三十八刷　2024 年 7 月
劃撥帳號　50148859
劃撥戶名　采實文化事業股份有限公司
104 台北市中山區南京東路二段 95 號 9 樓
電話：(02)2511-9798
傳真：(02)2571-3298

國家圖書館出版品預行編目資料

我 45 歲學存股，股利年領 200 萬：投資晚鳥退休教師教你「咖啡園存股法」，讓股市變成你的搖錢樹 / 謝士英著 – 台北市：采實文化，2020.06
216 面；公分 .--（翻轉學系列；34）
ISBN 978-986-507-135-6(平裝)

1. 股票投資 2. 投資分析 3. 投資技術

563.53　　109006063

廣 告 回 信
台北郵局登記證
台北廣字第04401號
免 貼 郵 票

采實文化 采實文化事業有限公司

104台北市中山區南京東路二段95號9樓

采實文化讀者服務部　收

讀者服務專線：02-2511-9798

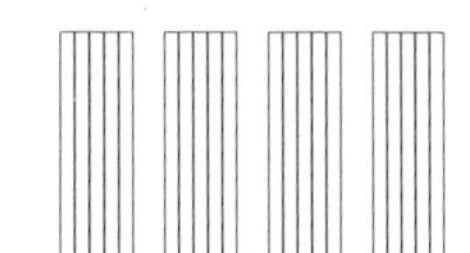

我45歲學存股 股利年領200萬

謝士英 著

投資晚鳥退休教師教你「咖啡園存股法」，
讓股市變成你的搖錢樹

翻轉學 **翻轉學**通用回函

系列：翻轉學系列034

書名：我45歲學存股，股利年領200萬

投資晚鳥退休教師教你「咖啡園存股法」，讓股市變成你的搖錢樹

讀者資料（本資料只供出版社內部建檔及寄送必要書訊使用）：

1. 姓名：
2. 性別：□男　□女
3. 出生年月日：民國　　年　　月　　日（年齡：　　歲）
4. 教育程度：□大學以上　□大學　□專科　□高中（職）　□國中　□國小以下（含國小）
5. 聯絡地址：
6. 聯絡電話：
7. 電子郵件信箱：
8. 是否願意收到出版物相關資料：□願意　□不願意

購書資訊：

1. 您在哪裡購買本書？□金石堂（含金石堂網路書店）　□誠品　□何嘉仁　□博客來　□墊腳石　□其他：＿＿＿＿＿＿＿＿（請寫書店名稱）
2. 購買本書日期是？＿＿年＿＿月＿＿日
3. 您從哪裡得到這本書的相關訊息？□報紙廣告　□雜誌　□電視　□廣播　□親朋好友告知　□逛書店看到□別人送的　□網路上看到
4. 什麼原因讓你購買本書？□對主題感興趣　□被書名吸引才買的　□封面吸引人　□內容好，想買回去做做看　□其他：＿＿＿＿＿＿＿＿＿＿（請寫原因）
5. 看過書以後，您覺得本書的內容：□很好　□普通　□差強人意　□應再加強　□不夠充實
6. 對這本書的整體包裝設計，您覺得：□都很好　□封面吸引人，但內頁編排有待加強　□封面不夠吸引人，內頁編排很棒　□封面和內頁編排都有待加強　□封面和內頁編排都很差

寫下您對本書及出版社的建議：

1. 您最喜歡本書的特點：□實用簡單　□包裝設計　□內容充實
2. 您最喜歡本書中的哪一個章節？原因是？
3. 您最想知道哪些關於商業理財的觀念？
4. 人際溝通、職場工作、理財投資等，您希望我們出版哪一類型的商業書籍？

翻轉學

翻轉學

翻轉學

翻轉學